역사에서 배우는
리더들의 부를 얻는 지혜

부의 수업

역사에서 배우는
리더들의 부를 얻는 지혜

부의 수업

다니엘 딜, 마크P. 도넬리 공저 | 김수영 옮김

 큰나무

역사에서 배우는
리더들의 부를 얻는 지혜

부의 수업

초판 1쇄 인쇄 2021년 7월 15일
초판 1쇄 발행 2021년 7월 20일

지은이   다니엘딜, 마크P. 도넬리
옮긴이   김수영
펴낸이   한익수
펴낸곳   도서출판 큰나무
등록   1993년 11월 30일(제5-396호)
주소   (10424)경기도 고양시 일산동구 호수로430길 13-4
전화   031 903 1845
팩스   031 903 1854
이메일   btreepub@naver.com
블로그   blog.naver.com/btreepub

값 16,000원
ISBN 978-89-7891-329-4 (03320)
잘못 만들어진 책은 구입하신 서점에서 교환해 드립니다.

차례 CONTENTS

수세기 전 손무는 당대에 현존하는 신사적인 전쟁 기법들을 상세히 기록했다. 그 후

그의 저술은 적을 평가하고 상대하는 법을 다룬 저서들 중 가장 널리 읽히는 병법서

가 되었다. 그의 『손자병법』의 내용을 일부 엄선하여 본서에 인용하였다.

개인적으로 마키아벨리는 매우 비사교적인 인물이었다. 그의 『군주론』은 지도력과

지도자의 역할에 대해서 논한 16세기 걸작으로 대중의 동기를 유발시키는 방법, 군주의 처신과 경쟁 상대를 다루는 방법, 그리고 자신과 대중을 통제하는 개인의 능력을 향상시키는 방법에 대한 연구서로 시대를 초월하는 역작이다.

우리가 일반적으로 알고 있는 바와 달리 대부분의 해적선들은 일반 해적들과 간부들의 책임을 규정하는 엄격한 행동 강령으로 통제되었다. 본서에서는 현존하는 이 희귀한 문서들 중 가장 뛰어난 세 편을 그 예로서 실었다.

모세는 그의 민족인 이스라엘인들에게 십계를 전해준 인물로서 가장 유명하지만 또한 그들이 일상생활과 상호관계 속에서 지켜야할 행동 강령을 제정한 인물이기도 하다.

6세기 후반 캔터베리의 성 아우구스티누스가 영국의 대주교가 되었을 때, 교황 그레고리 1세는 그에게 이교도인 영국 주민들의 믿음이나 정서를 해치지 않고 그들을 기독교로 개종시키는 방법에 대해 적은 서신을 보낸다. 그 서신들을 경쟁자와 기업 인수의 여파를 다룬 전통적인 연구로서 해석해 볼 수 있다.

수녀이자 신비스런 예언가였던 힐데가르트는 격조 높은 교회 음악의 작곡가로 널리 기억되고 있다. 한편, 그녀는 교황과 대주교, 4명의 교황을 포함해서 12세기 유럽을 주도하던 종교인들과 수많은 서신을 교환했었는데 그런 일면은 잘 알려져 있지 않다. 그들은 전부 그녀에게 조언과 지혜를 구했었다.

잉글랜드의 존 왕과 그의 까다로운 고결함에서 인간 행위를 규정한 역사적인 대헌장 마그나카르타가 탄생했다. 이것은 세계 최초의 근대적 헌법으로서 통치자와 국민들의 권리와 의무를 역사상 가장 획기적으로 보장해 준 문서이다.

에드워드 1세가 스코틀랜드와 웨일즈에 대해 잉글랜드의 통치권을 행사하던 전술은 가히 전설적이었으며, 그 과정에서 그는 역사상 가장 사나운 전사 왕들 중 한 명이 되었다. 본서에서 그가 왕국을 통치한 법제들을 일부 실었다.

잉글랜드에서 가장 유명하고 가장 사랑받았던 군주 중 한 명이었던 엘리자베스 1세는, 지속적인 정치적 위험과 종교적 분쟁의 시대에 불굴의 용기와 품위로써 왕국을 이끌었던 현명한 정치가였다. 4세기 이상이 지났지만 지금도 그녀의 저술과 연설에는 뛰어난 통찰력이 돋보인다.

중국의 오랜 역사를 통틀어 공자보다 더 큰 영향을 끼친 인물은 없다. 그의 발언이 최초로 기록된 BC 6세기 후로 '공자 왈(曰)'은 통찰력 있는 지혜의 보석을 담고 있는 문구로 통용된다.

이 음유시인이 자신을 철학자라고 생각했을 리는 없지만, 그는 분명 인간 본성에 대한 예리한 관찰자였다. 그의 작중 인물 중 『햄릿』의 폴로니우스와 『베니스의 상인』의 샤일록은 본서의 주인공들과는 판이하게 다른 방식으로 사업적 조언을 제공한다. 두 인물 모두 연구해 볼 가치가 있다. 이들의 행동이 효과적이었던 이유와 더불어, 특히 실패의 이유를 충분히 살펴보아야한다.

분명 18세기의 가장 위대한 외교관 중 한 명이었던 프랭클린은, 미국 식민지를 다루

는 대영제국의 통치 방식에 대해서 자신의 통렬한 재치가 담긴 사건을 피력했었다.

그러면서 그는 자신도 모르는 사이에, 훌륭한 경영 기법에 대한 불후의 논평을 역사

에 남긴 것이다.

현대 인쇄 광고의 아버지인 앨버트 허바드는 경영 방식과 인간관계, 노사 관계가 어

떠해야 하는가에 대해서 폭넓게 글을 썼다. 그의 저술은 재치와 통찰력, 그리고 성공

의 필수 요소로서 근면의 중요성을 강조하는 내용으로 가득하다.

12명의 아이들로 유명했던 그녀의 가정사를 '한 다스면 더 싸다'란 제목의 영화와

서적에서 상세히 엿볼 수 있다. 또한 그녀는 산업에서의 인력 경영의 개념과 작업장

에서의 중간 경영진의 역할을 혁신시켰다.

: 주제별 목차

"현명한 자는 항상 위인들의 선례를 따르고
뛰어난 인물들을 모방한다."

니콜 마키아벨리의 『군주론』(16세기 저작)에서

1970년대 후반 '경영기법'의 개념이 처음으로 등장했고 그 직후 '탐욕은 좋은 것이다.' 차입자본을 이용한 기업 매각, '누구나 자신의 이익을 추구한다.' 등의 표현으로 대변되는 1980년대가 시작되었다. 적어도 대부분의 경영 전문가들이 우리가 그렇게 믿도록 만들었다. 인류가 최초로 도시를 건설하거나 들판을 경작한 이래로 오랫동안, 사실 선택된 소수가 다른 큰 집단을 이끌어왔다. 감사하게도, 그런 소수의 지도자들이 남긴 명언이 일기나 편지, 법전, 출판물 등을 통해서 우리에게 계승되어 왔다. 본서의 본문들은 이를 토대로 구성되었다.

인류 문명의 8천 년 역사를 거치면서 상상가능한 모든 경영 기법들이 최소한 한 번 이상 시도되었다고 할 수 있을 것이다. 사람들의 동기를 유발시킬만한 것은 그것이 무엇이든 간에 분명 최선책으로서 제안된 것들이다. 뇌물 수수, 자식을 볼모로 두는 것, 금품 제공이나 귀족 신분의 하사, 범죄 기록의 말소, 기업에서의 승진 지원 등등. 그러나 이런 방법들도 언젠가 심판을 받기 마련이다. 이 중 일부는 적어도 그 당시에는 좋았었는지 몰라도 대부분 화를 초래했다. 비록 논란의 여지는 있었지만, 그중 효과가 있었던 것도 있고 그렇지 않았던 것도 있다. 이 같은 사례들을 보면 '새롭거나', '현대적인' 경영 기법은 없다는 사실을 깨닫게 된다. 현대 사회나 개인은 지혜에 대한 독점권을 주장할 수 없다. 결국, 시험을 거쳐 증명된 진정한 경영 방식을 폭넓고 다양하게 살펴볼 수 있는 논리적인 장소는, 흙먼지 이는 역사의 무대들이다.

이 책에는 지난 4천 년에 걸쳐 역사 속을 오고 간 유명한 인물들, 비교적 잘 알려지지 않은 인물들, 그리고 철저한 악인들을 통해서 설명할 수 있는 경영상의 통찰력이 담겨 있다. 필요한 부분에서는 독자들의 이해를 돕기 위해 원전을 현대적으로 바꾸었지만 원작의 독특한 묘미, 의미, 또는 의도를 손상하지 않으려고 세심한 노력을 기울였다. 각 장마다 오늘날의 상황과 어울리는 평가와 분석을 제공했고, 각 장의 서문에는 관련된 위인에 대한 짧은 전기와 그들이 나름의 법제, 규약, 사상을 도출하게 된 상황을 함께 실었다. 우리가 제공한 현대식 논평, 분석, 제목을 원문과 구별하기 위해서 모든 원문은 표준 명조체로, 그 외의 글은 진한 명조체로 표기하였다.

역사적 인물들이 어떻게 자신들이 처한 환경에 대처해 나갔는지를 비교해 봄으로써(때로는 자신의 삶을 발전시키면서, 때로는 불운한 종말을 맞이하면서), 당신은 삶의 여정 속에서 마주치게 되는 현인과 야만인, 전사와 음모자, 아첨꾼과 막후 실력자들을 구별하고 제대로 다룰 수 있어야 할 것이다.

목차의 배열 방식을 결정하는 데 오랜 시간이 걸렸다. 주인공들을 단순히 알파벳순으로 실어야 할까, 아니면 철저히 연대순을 따라야 할까, 아니면 다른 방법은 없을까 고민했다. 그러다가 마침내 이들의 다양한 철학적 양식을 기준으로 분류하였다. 거창하게 표현했지만 보다 소박하게 말하자면 직업에 따라 분류했다는 의미다. 분명 중세의 군주와 불교의 수도승은 서로 다른 경영 방식을 취할 것이다. 결국, 우리는 모든 인물을 다음의 범주로 나누었다. 제1부는 독재자, 절대군주, 악당 사상가들, 제2부는 성인과 절대자들, 제3부는 경영자와 거상들, 제4부는 왕, 여왕, 정복자들, 그리고 마지막 제5부는 철학자와 현인들이다. 우리가 판단하기에, 이 다양하고도 포괄적인 범주들은 한 개인이 다수의 사람들을 다루는 방법들을 제시하는 여러 위인들을 잘 아우르고 있다.

이상의 다섯 부에 포함된 개별적인 장들은 연대순으로 배열하였다. 독자들이 각각의 인물들이 현존하던 시대별로 경영 방식과 진화의 과정을 엿보면서 자신에게 가장 적합한 방식을 선택할 수 있도록 도움을 주기 위함이었다. 당신은 영국의 에드워드 1세 왕의 냉엄한 전사 식 경영 방식에 동조하는가, 아니면 앨버트 허바드가 보여준 빅토리아 시대의 히피 같은 방식에 동조하는가?

각 장의 본문은 사업 동료 다루기, 효율적인 관리자 되기, 인력의 효율적 활용 같은 주제문으로 구성되어 있다. 주제문의 전체적인 목차는 '주제별 목차'를 살펴보면 된다.

모든 장들을 광범위한 범주로 분류하고, 주제별 제목과 함께 내용을 실어서 독자들이 이 책을 접근하는 방법을 스스로 선택할 수 있도록 하였다. 본서를 처음부터 끝까지 꼼꼼하게 다 읽겠다는 생각에 구속될 필요는 없다. 당신의 기분이나 필요에 맞게 어떤 순으로 읽어도 좋다.

우리가 수록한 경영의 대가들 중에는 여성의 수가 많지 않음을 독자들도 확연히 알 수 있을 것이다. 그 이유는 간단하다. 유능한 여성이 능력을 인정받고 권력자의 위치로 오른 것은 고작 지난 세기에 일어난 일에 불과하기 때문이다.

그러나 다행스럽게도 우리는, 전반적인 반감이나 대중적 조소, 때로는 그 이상의 힘든 상황에도 불구하고, 자신들의 영향력을 행사하고 훌륭한 착상과 경험의 일부를 물려준 용감한 여인들 몇몇을 발견했다. 그러나 여기서조차 성차별주의에 대한 암시가 엿보인다. 예를 들어, 효율성과 인력 활용 전문가였던 릴리안 길브레스는 수백 명의 여성들이 작업장으로 향했던 제2차 세계대전 후에 저서를 집필했음에도 불구하고 '그'라는 남성 명사를 쓰면서 자신의 의견을 전달하고 있다.

이 책에 실린 내용 중에서 어떤 부분은 당신을 즐겁게 해줄 수도 있지만, 일부는 극단적이거나 또는 지독하게 잔인하다는 인상을 줄 수도 있을 것이다. 또한 당신의 방식과 전혀 맞지 않는 부분도 있을 것이다. 너무 문자 그대로 내용을 받아들이면 본서에서 제안하는 조언의 일부는 완전 불법일 것이다! 그러나 분명 이 책을 통해 당신은 부하 직원들이나 상사, 그리고 협상 대상과 교섭할 때 도움이 될 만한 유용한 정보를 얻을 수 있을 것이다. 함무라비가 바빌론의 왕이었고 해적선들이 남미 북안北岸 지방을 약탈하던 때부터 지금까지 시대상과 사회적 관습, 기술은 진보를 거듭했다. 그러나 사실 인류의 본성과 우리를 고무시키는 것들은 거의 변하지 않았다. 이 책을 읽고 그들이 들려주는 교훈을 마음에 새겨라. 그리고 영원히 번창하라.

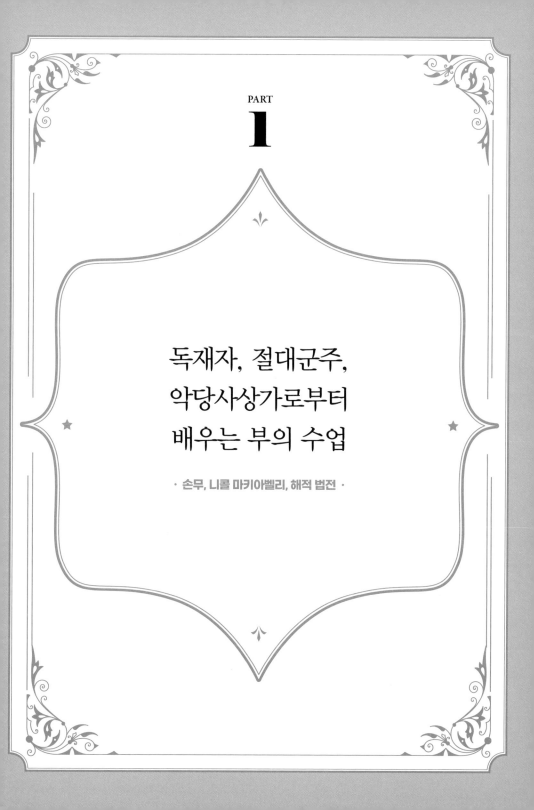

PART

1

독재자, 절대군주,
악당사상가로부터
배우는 부의 수업

· 손무, 니콜 마키아벨리, 해적 법전 ·

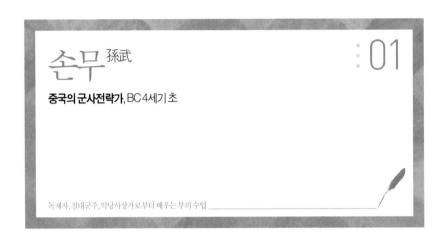

손무 孫武

중국의 군사전략가, BC 4세기 초

독재자, 절대군주, 악당사상가로부터 배우는 부의 수업

손무의 『손자병법 The Art of War』은 군사 전술을 다룬 가장 역사 깊고 포괄적이면서도 널리 알려진 병법서이다.

'춘추 전국시대' BC 75~221 초 중국에서 쓰인 이 병법서는 공자의 사망 후 약 2, 3세대가 지나서 완성되었으며, 소크라테스나 플라톤의 저서와 거의 비슷한 시기에 쓰여졌다.

본문을 살펴보면, 이 시기 중국의 사회 및 군사 구조는 크게 진보했었음이 분명하다.

군 장성 계층과 수천 명에 달했던 상비군을 비롯하여 이를 충분히 뒷받침할 수 있었던 안정된 사회 구조를 언급하고 있기 때문이다. 시대적으로 비교해보면, 『손자병법』이 발간되던 시기에 로마는 진흙벽돌로 지은 건물들의 집합체에 불과했다. 중국에 필적할 만한 체제를 유지했던 유일한 초기 서방국가는 아시리아와 페르시아, 바빌론, 이집트 정도였을 것이다.

『손자병법』이 보여주는 통찰력 있는 지혜에도 불구하고, 저자인 손무의 실존을 증명하는 역사적 증거는 전무하다. 그러나 그가 어떤 인물이었던 간에, 그는 분명 인간 분쟁의 예리한 관찰자였으며 지극히 실리적인 전략가였다.

이 병법서에서 전제하는 것은 문명사회에서 인간들간의 충돌이 불가피한 이상, 전쟁의 연구는 정부 계획의 필수적인 부분이어야 한다는 점이다. 오늘날 우리는 이것을 '국토방위'라고 부른다. 또한 손무는 장기전의 부작용으로서 군 재정과 공급문제, 물가상승, 경제적 몰락의 가능성 및 해고 문제도 고려하였다.

전략서의 범주를 넘어 『손자병법』은 최대한 경제적인 방법으로 싸움에서 승리하는 비법을 제시하는 지침서이다. 저자가 말하는 가장 효율적인 전쟁은 절대로 싸우지 않는 것이다. 적의 허를 찌르고 사기를 꺾어 전쟁을 피하면서 상대를 굴복시킬 수 있다면, 당신은 피비린내 나는 학살을 통한 승리보다 훨씬 더 당당하게 승리한 것이다. 간략히 말해서 『손자병법』은 인간의 분쟁과 어떤 자와 싸워야 하고 어떤 자와 싸우지 말아야 할지를 논한 철학서이다. 2400년 전 중국 명장들의 자질은 바로 오늘날의 기업 회의실에서 승리하기 위해 필요한 승자의 자질과 같다.

내용의 명료성과 일관성을 위해서 다음의 소제목들을 이용하여 원전에서 발췌한 여러 인용문들을 편집하고 재배열하였다.

효율적인 **관리자 되기**

훌륭한 장군은 점잖고, 공정하며, 편파적이지 않아야 한다. 그는 질서를 유지하기 위해서 과묵하고, 도덕적이며, 공명정대 해야 한다. 그리고 그의 장교들과 병사들은 장군의 계획을 몰라야 한다.

이 같은 강경책은 사실 실천하기가 쉽지 않다. 뛰어난 관리자가 되려면, 사적인 감정을 배제하고 아래 사람들 모두에게 공평해야 한다. 적절하지 않은 시기에 무심코 적절하지 않은 발언을 할 수 있다는 가능성을 고려해서, 최측근 직원에게조차 장기적인 계획을 발설해서는 안 된다. 당신의 계획이 새어 나가면 그건 바로 당신의 탓이다.

전쟁에서 중요한 몇 가지 기본 요소들이 있는데, 이는 정신적 영향력과 장군의 능력, 그리고 제도다. 정신적 영향력은 지도자의 리더십과 정치력을 일컫는 무형의 요소이다. 이것은 군대가 장군과 조화를 이루게 함으로써 삶과 죽음을 함께 하며, 전쟁에서 일체의 두려움 없이 죽음에 임할 수 있게 한다.

당신의 판단 기준들이 명확하지 않으면, 부하직원들의 충성을 기대할 수 없다.

장군의 능력은 지혜, 신의, 용기, 군대의 기강을 잡는 엄격함 등으로 정의된다. 제도는 부대 조직과 편성 능력, 통제력, 인원과 임무의 적절한 할당 능력, 군수의 공급과 관리력을 뜻한다.

이것은 당신의 지도자적 자질을 뜻하기도 하지만 다른 사람들의 능력을 알아보고 키워주는 것과도 크게 관련되어 있다. 당신이 모든 장소에 있을 순 없는 노릇이니 핵심적인 위치에 유능한 인력을 배치해두면 걱정할 필요가 없을 것이다.

모든 장군들은 위의 요소들에 대해 들어보았을 것이다. 이에 능통한 자는 승리했고, 그렇지 못한 자는 패배했다. 전쟁은 국가의 존망이 걸린 중대사이므로, 반드시 이에 대한 철저한 연구가 필요하다.

사업에서 성공하려면, 성장과 확장은 필수사항이다. 그러나 오직 안전하게 성장하는 법을 터득한 자들만 살아남는다.

싸워야 할 때와 싸우지 말아야 할 때를 아는 자는 승리한다. 승리하는 부대는 철저한 준비로 전투 전에 승리를 확보하지만, 패하는 군대는 오직 이기겠다는 일념으로 무모하게 전쟁에 뛰어든다. 적을 알고 나를 알면 백전백승할 것이다. 적을 모르고 나만 알면 승패의 확률은 각각 절반이다. 나도 모르고 적도 모르면, 매 전투마다 크나큰 위험이 따른다.

항상 계획을 미리 세워라. 다른 회사들이나 회사 내 동료들과 직접 대결을 할 때, 이 세상의 온갖 재주와 자신감을 다 갖추고 있다고 해도 당신과 상대의 장단점을 객관적으로 잘 알고 있는 것만 못할 것이다.

자회사 경영하기

적의 전차를 탈취하면, 깃발을 아군의 것으로 바꾸어 달고 아군 편
전차들 틈에 혼합편성해서 전쟁터로 데려가라.
포로들을 잘 대해주고 돌보아 주어라.
이것이 바로 전투에서 이기고 더욱 강해지는 방법이다.

우호적 합병이든 비우호적 합병이든 간에 회사를 인수하면, 그곳의 직원들을 최대한 빨리 당신의 회사로 흡수해야 한다. 이들을 규모가 커진 당신 회사의 필수 인력으로 만들면, 당신에게 등을 돌리거나 당신의 회사가 경쟁사의 인수 목표물이 될 가능성은 줄어든다.

중간 경영진 선택하기

장군들은 국가의 수호자들이다. 이들이 국가를 효율적으로 방어하면, 국가는 강성해질 것이다. 이들에게 결함이 있으면, 국가

는 쇠약해질 것이다.

장군의 자질로서 위험한 것들은 다음의 다섯 가지이다.

앞뒤를 가리지 않는 무모한 장군은 목숨을 잃을 수 있다.
겁 많은 장군은 적에게 포로로 붙잡힐 수 있다.
성미가 급하거나 경솔하면, 적의 조롱거리가 될 수 있다.
명예심이 너무 강하면, 거짓과 소문으로 인해 치욕을 당할 수 있다.
인정이 너무 많으면, 고민할 일이 많아진다.

출정한 군대가 국가에 재앙을 가져오는 세 가지 경우가 있다. 장군이 후퇴해야 하는 상황에서 진격 명령을 내리거나, 반대로 장군이 진격해야 하는 상황에서 후퇴 명령을 내릴 때, 군사 전술에 대해 무지한 자를 군사 행정에 참여시킬 때, 마지막으로 군사 명령을 잘 모르는 장군이 지휘를 맡을 때이다. 장군의 이런 면모들은 자신을 죽음으로 이끌고 군대를 재앙으로 몰고 가는 치명적인 결함들이다.

위의 두 인용문은 경영진과 협상진의 구성원들을 선발할 때 어떤 점을 살펴야 하는지를 말해준다. 조직원들을 신중하게 선발하고 전원이 각자에게 할당된 업무에 적합한지를 분명히 확인하라. 어떤 사람이 특정 업무에 탁월하다고 해서 반드시 다른 일도 똑같이 잘 하리라는 보장은 없으니, 장차 맡게 될 특정 업무를 기준으로 인사 결정을 내려야 한다. 흠잡을 데 없이 유능한 사람들도 자신에게 맞지 않는 일을 맡아서 하다보면, 담당 프로젝트와 당사자는 물론이고 당신에게까지 불행을 초래할 수 있다.

> 장군이 유능하고, 군주의 간섭 없이 독자적인 결정을 내릴 수 있으면, 전쟁에서 승리한다.

중간 경영진을 선발해서 특정 분야에 배치했으면 각자의 업무를 편안하게 이행해 나갈 수 있도록 믿고 맡겨라. 경영진 각자가 맡은 일을 하고 있는데도 당신이 이들을 신뢰하지 못하겠다면, 그들을 적재적소에 배치한 것이 아니다. 당신이나 경영진들 모두 안심하고 일할 수 있는 자리로 재배치하든가, 그게 아니면 아예 업무에서 제외시켜라.

> 장군이 명예욕에 집착하지 않고 전투에 임하며, 상부의 명령이 없어도 병사들을 구하기 위해 퇴각하고, 그러면서도 자신이 받게 될 처벌에 개의치 않는다면, 그는 국가의 보배이다. 병사들은 자신들을 친자식처럼 아끼는 장군과 기꺼이 함께 죽으려 할 것이다.

가장 뛰어난 관리자들도 때로는 명령에 불복종하는데, 이 때 그 '이유'를 따져봐야 한다. 만약 이들이 상습적으로 월권행위를 한다거나 단지 자신이 중요한 존재임을 과시하고 싶어서 그러는 거라면, 이런 자들에게는 권력을 주어서는 안 된다.

반면 궁극적 관심사가 자신이 맡고 있는 직원들의 행복에 있다면, 이들은 사려 깊고 통찰력을 갖춘 보기 드문 관리자들이다.

직원들 다루기

자신의 군대를 공동의 목표로 결집시키는 장군은 승리할 것이다. 병사들을 정중하게 부리고 그들에게 충성심과 뜨거운 열정을 고취하면, 승리는 따 논 당상이다. 병사들을 항상 배불리 먹이고, 그들의 마음을 하나로 모으고, 체력을 유지해 주고, 불필요한 훈련을 시켜 피로하게 만들지 말라. 군에서의 명령이 효율적이려면, 반드시 일관성이 있어야 한다. 일관성이 결여된 명령에 병사들은 복종하지 않을 것이다.

항상 평직원들을 공정하게 대하라. 그들이 당신의 경영 방식을 좋아하면, 당신이 힘든 시기에 기꺼이 버팀목이 되어 줄 가능성이 훨씬 커진다.

대규모 병력과 소규모 병력을 다루는 전략은 똑같다. 단지 수적인 차이일 뿐이다.

당신의 직속 직원들을 다루는 것과 같은 방식으로 다수의 작업인력을 다루라. 몇 가지 변수가 있을 수 있지만, 동일한 전술은 소규모 집단에서와 마찬가지로 대규모 집단에서도 똑같은 효력을 발휘한다.

경쟁자 다루기

군사 작전을 세울 때 비교해 보아야 할 사항들이 있다. 어느 편 장군의 리더십과 수완이 더 앞서는가? 어느 편 군대의 장교들과 사병들이 더 잘 훈련받았는가? 어느 편의 상벌체계가 더 훌륭하게 시행되는가? 이 같은 질문에 답해 보면, 승패를 예측할 수 있을 것이다.

경쟁 상대를 알아야 한다. 상대의 장단점을 알아내어 당신의 장단점과 비교해 봄으로써, 당신이 싸우려는, 혹은 당신을 패배시키려는 상대방의 능력을 이성적으로 가늠해 볼 수 있다. 당신이 스스로에 대해 알고 있는 만큼 상대방에 대해서도 알고 그로써 양측의 장단점을 객관적으로 비교해 보면, 누가 이길지 알 수 있을 것이다.

현명한 장수가 적을 이길 수 있는 이유는 상황에 대한 사전 지식을 확보하고 있기 때문이다. 적장은 나의 의도를 모르기 때문에 자신의 병력을 나누어 배치할 것이다. 이때 당신이 적병의 주둔지들을 정확히 파악하고 있다면, 아군의 군사력을 결집해서 적에게 최대한의 손실을 입힐 수 있을 것이다. 상대의 장단점을 알려면 먼저 상대를 철저히 탐색하라. 성공하는 전략과 실패하는 전략을 가려내기 위해서는, 상대의 군사 계획을 정확히 집어낼 수 있어야 한다. 이것이 승리의 비결이다.

상대방과의 대결을 통해 당신의 힘을 시험해 보기 전에 미리 그의 장단점들을 최대한 알아내야 한다. 상대의 장단점을 알아야만, 그리고 그것들이 당신에게 어떻게 작용할지를 알아야만, 당신이 그를 이길 수 있는 가능성이 커진다.

적군이 전쟁 준비를 계속하면서 외교사절의 말이 겸손하다면, 그들은 곧 진격할 것이다. 적군이 대범하게 진격하면서 외교사절의 말이 애매모호하다면, 그들은 곧 후퇴할 것이다. 외교사절이 사과하는 척하면, 그들은 시간을 벌고 있는 중이다. 그가 갑자기 휴전을 요청할 때는, 당신에게 대항할 음모를 꾸미고 있는 것이다. 적군이 진격 기회를 놓치게 되면, 적장과 병사들은 지치기 마련이다. 야밤에 적의 진영에서 소란이 일면, 병사들이 두려워하고 있다는 뜻이다. 적의 군대가 어수선하면, 장군에게 위엄이 없는 것이다. 적의 장교들이 자주 화를 내면, 힘이 소진됐다는 뜻이다. 장군이 병사들에게 포상을 너무 많이 주는 것은, 그의 수완이 거의 바닥이 난 것이다. 장군이 부하들을 너무 심하게 또는 자주 벌한다면, 그는 심히 괴로운 상황인 것이다.

이것은 성공적인 협상 전술에 필요한 간략한 조언이다. 항상 상대편의 접근 방식을 통해서 그들의 의도를 짐작하고 우선권을 쥐어라. 그들의 전술과 신체 언어를 잘 살펴보면, 당신은 상대보다 한 걸음 앞서 나갈 수 있다.

현명한 장군은 전투에서 유리한 요인들과 불리한 요인들을 모두 참작해야 한다. 전자를 고려해 봄으로써 전투 계획은 실현가능해지고, 후자에 대한 검토를 통해서 문제점을 해결할 수 있다.

정보는 많으면 많을수록 좋다. 상대가 생각했던 것보다 강하다는 사실을 발견한 것도 중요한 정보를 얻은 것이다. 상대의 약점과 강점을 파악함으로써, 당신이 공격해야 할 영역 및 피해야 할 영역들을 결정할 수 있다.

전쟁에 노련하면 어떠한 공격도 막아낼 수 있겠지만, 그렇다고 적군을 취약하게 만들진 못한다. 즉, 공격하기 힘든 나를 만들 수는 있어도 항상 상대를 이기는 나를 만들 수는 없다. 결론적으로 승리의 비결을 알면, 결과를 예측할 수 있을 뿐이지 장담할 수는 없는 법이다. 난공불락의 요새는 방어가 목표지만, 모름지기 승리하려면 공격해야 한다. 내가 적보다 힘이 부족하면 방어하고, 내가 적보다 강하면 공격하라.

영리한 사업가는 어떤 공격에도 회사가 끄떡없게 만드는 비결을 터득할 수 있을 것이다. 그러나 상대를 아무리 잘 안다고 해도, 실제로 부딪치면서 경쟁해 보기 전에는 승리를 단언할 수 없다.

적군이 높은 지대를 점하고 있으면 공격하지 말라. 적이 언덕을 등지고 있을 때도 정면 공격하지 말라. 도망가는 척하는 적에게 속아서 추격하지 말라.

이길 수 없는 불리한 위치로 가지 말라.

멀리서 적군이 처한 모든 상황과 동태를 파악하다가, 허점이 보이면 즉시 그 기회를 이용하라.

당신의 온갖 지혜를 모으고 전력을 다진 후, 이익이 될 만한 틈새가 보이면 이때 공격한다.

전쟁터에 먼저 와서 적군을 기다리는 군대는 전투에 앞서 의기충천해 있을 것이다. 반면 나중에 와서 곧장 전장으로 돌진하는 병사들은 지쳐 있을 것이다. 전투에 노련한 군대는 적을 끌어들이지 직접 찾아가지 않는다.

항상 당신이 먼저 시작할 수 있는 상황을 만드는 것이 좋다. 한 걸음 늦는 사람은 늘 뒤를 쫓는 신세이다.

모든 전쟁은 적을 속이는 것이다. 따라서 당신이 능력이 있을 때는 없는 체하고, 전쟁을 준비하고 있어도 아닌 척하라. 당신의 부대가 열등해 보이도록 해서 적군의 자만심을 부추겨라. 혼란스러움을 가장하여 적에게 미끼를 던져서 유인하여 공격하라. 적장의 분노를 일으켜서 정신을 어지럽혀라. 그를 지속적으로 긴장시켜서 지치게 만들어라.

항상 상대를 혼란시켜라. 당신의 진정한 강점을 철저히 숨기고 예상 밖의 일들을 벌이면서 계속 압박하라.

적을 노련하게 다루는 자들은 상대가 선택할 수밖에 없는 상황을 만들어 스스로 움직이게 만든다. 즉, 거부할 수 없는 미끼와 이익으로 유혹한다. 노련한 장군은 상황을 만들어서 승리한다.

전쟁터로 진군할 때는 우회하는 경로를 이용하고, 적을 유혹하는 미끼를 놓아 그들의 관심을 다른 곳으로 돌려놓는다.

당신이 계획한 교전 장소를 적이 눈치 채지 못하게 해야 한다. 그러면 적은 여러 지역에 병력을 나누어 배치하고 전투를 준비할 것이다. 적의 병력이 흩어져 있으면, 어디서 싸우든 적의 숫자가 적을 것이다.

절대로 상대가 당신의 진의를 파악하지 못하게 하라. 당신이 한 가지 일에만 몰두하고 있다고 착각하게 만들어서 의도적으로 그의 주의를 산만하게 만들어라.

전쟁의 핵심은 속도다. 준비되지 않은 적을 이용해야 한다. 적이 전혀 예상하지 못한 경로로 진군하고, 의외의 장소에서 적을 쳐라. 적군이 쉬고 있으면 지칠 때까지 움직이게 만들어라. 적이 반드시 거쳐야 하는 곳으로 가서 기다리고 당신을 만나리라 생각지 못한 곳으로 신속히 이동하라. 끊임없이 적군을 전투 상태로 만들어 진을 빼놓아라. 적장에게 현실성 있는 이익을 제공하여 전쟁터로 끌어들여라. 전쟁 경험이 풍부한 장군들은 적장이 부대를 결집시키고 병력을 조종하여 배치하는 것을 불가능하게 만든다. 노련한 전사가 적의 병력을 분산시키면, 그들은 재규합하지 못한다. 적병들이 결집되면, 그는 다시 그들을 혼란 상태로 빠뜨린다.

무방비 상태의 적은 당신이 지속적인 압박을 가하기만 해도 당황하고, 틈이 생기면 쉽게 방심한다. 이 때 압박의 강도를 높이고, 당신의 의중을 파악할 수 없는 상태가 더해지면 의외로 빨리 상대를 굴복시킬 수 있다.

전쟁에서 이긴 후, 그 전술을 반복해서 쓰지 말라. 각각의 새로운 상황마다 참신하고 다양한 전술로 응하라.

지속적인 대결 상황에 놓여 있다면, 그때그때의 상황에 맞추어 작전을 다양화하라. 획일적으로 대응하면 아무리 기발한 작전이라도 상대는 뻔히 예측하게 될 것이다.

전쟁의 유일한 포상은 승리다. 만약 장기간 전쟁을 치루면서 승리하지 못하면, 부대의 사기는 떨어지고 병사들의 힘도 저하될 것이다.

전쟁이 장기화되면 국가의 재정이 고갈될 것이다. 군대가 출병할 때 물가는 급등하고, 백성들의 부는 급감한다. 당신의 힘이 소진되고 재정이 고갈되면, 적장은 그 기회를 포착해서 공격할 것이다. 긴 전쟁을 치루면서 국가가 이익을 본 사례는 없다.

장기화된 대결의 끝은 자멸이다. 속전속결로 이길 수 없다는 냉철한 판단이 서면, 어떤 대가를 치루더라도 충돌을 피해야 한다. 목적을 달성하는 과정에서 재정적으로 파산한다면, '도덕적 승리'란 무의미하다.

전쟁에서 적국을 폐허화하는 것보다는 온전하게 두고 승리를 얻는 것이 더 바람직하다. 부대원 전체나 일부를 생포해서 포로로 삼는 것이 그들을 죽이는 것보다 낫다. 적의 군대를 공격하는 것보다 그들의 전술을 좌절시키는 것이 더 낫다. 차선책은 적을 동맹국들로부터 고립시키는 것이다. 이상의 시도들이 실패했을 경우에만, 적의 군대를 공격해야 한다. 최악의 방법은 그들의 성곽들을 공격하는 것인데, 다른 선택권이 없을 경우에만 그렇게 하라.

노련한 전사는 전쟁을 치루지 않고도 적을 굴복시킬 수 있어야 한다. 당신의 목표는 적에게 손상을 가하지 않고 그들을 얻는 것이다. 백번 싸워서 백번 이기는 것은 위대한 장군이 아니다. 단 한 번도 싸우지 않고 적을 정복한다면, 그는 진정 위대한 장군이다.

경쟁사를 패배시키는 과정에서 파멸시켜 버리면, 결국 당신에게 돌아오는 것은 그들이 장기간 싸워오면서 얻게 된 산더미 같은 빚이다. 상대의 것을 최대한 보존해 주면서 신속하고 실리적인 행보를 통해 그들을 당신 회사의 보탬이 되는 부분으로 만들어라. 그러나 더 좋은 방법은 충돌하지 않고 상대가 당신에게 굴복하도록 교묘하게 조종하는 것이다. 이 두 가지 중 어느 것도 못 하겠으면 절대로 싸워선 안 된다.

니콜 마키아벨리
NICCOLO MACHIAVELLI

:02

이탈리아 법률관이자 외교관, 1469-1527

독재자, 절대군주, 악당사상가로부터 배우는 부의 수업 _____

1469년 이탈리아의 피렌체에서 출생한 마키아벨리는 이탈리아 문예 부흥기의 정치적 혼란을 몸소 체험했다. 이탈리아의 도시 국가들은 큰 위세를 떨치던 가문들이 자신들의 세력과 영향력을 넓히고자 폭력을 일삼던 내분으로 파괴되었다. 마키아벨리는 피렌체 대회의의 제2서기관장직에 임명되면서 메디치가와 전쟁 중이던 호전적인 군사령관 체사레 보르자와 결탁하였다.

메디치가가 1512년 권력을 되찾자, 마키아벨리는 음모죄 판결을 받고 고문을 당한 후 2달간 투옥되기도 했다. 어느덧 그의 나이 43세. 이제 그는 시골로 은퇴하여 생애 최고의 역작이자 지도자를 꿈꾸는 이들을 위한 정치 입문서 『군주론The Prince』을 집필하기 시작한다. 몇 편의 희곡을 포함해 다수의 저작을 남겼지만, 역사가 그를 기억하는 것은 『군주론』때문이다.

마키아벨리식 권력 행사 방법은 정도에서 벗어나거나 명백히 비도덕적이기도 해서 종종 비판을 받곤 한다. 그러나 사실은 그렇지 않다. 그는 단지 권력을 획득하고 유지하기 위해서 이용 가능한 다양한 방법들을 제시했을 뿐이다. 그가 제안한 각각의 정치적 기술의 적합성은 독자가 선택할 문제이다. 사실 그는 현실적으로 어떤 지도자도 국민의 지지 없이는 군림할 수 없다고 경고한다. 도덕적으로 옳지 않은 정치 전술들은 결국 대중의 반감을 불러일으켜 실패하기 마련이며, 하느님의 율법과도 어긋난다는 것이다. 그러나 한편으론 군주가 권력을 유지하기 위해선, 항상 전통적인 도덕성만을 고수할 수는 없다고 조언한다. 아래 실린 예문들은 모두 마키아벨리의 『군주론』에서 인용하였다. 명료한 설명을 위해 인용문들을 다음의 표제 하에 편집 및 재배열하였다.

효율적인 **관리자 되기**

왕족 가문의 통치에 익숙한 세습 군주국은 새로운 공화국(주권을 가진 국민이 선거로 국가 원수를 선출하는 국가형태. 역사적으로는 세습 군주체를 부정하고 등장한 개념)보다 통치권을 보존하기가 훨씬 수월하다. 그 이유는 세습 군주들은 선조들이 마련한 제도들을 유지하면서 변화하는 상황에 기존의 정책들을 적절하게 적용시키는 것으로 충분하기 때문이다. 신생 군주는 평범할 정도로 영리하고 민첩하기만 하면, 무력으로 권력을 빼앗기지 않는 한 자신의 통치권을 지켜낼 수 있을 것이다.

세습 군주들은 사람들을 괴롭혀야 할 이유나 필요성이 거의 없으며, 터무니없는 악행으로 반감을 불러 일으키지만 않으면 국민들은 기꺼이 그를 따를 것이다.

여기서는 이미 자리 잡은 사업체나 사무실을 인수할 때의 장점에 대해 말하고 있다. 이미 사업적 구조가 탄탄하고 현재까지 성공적이라면 새로운 경영진은 기존의 절차들을 그대로 따르기만 해도 현명하고 일을 잘 한다는 평가를 받을 수 있을 것이다.

신생 군주국은 몇 가지 어려움을 겪기 마련이다. 사람들은 더 잘 되기를 바라면서 기꺼이 국가의 지도자를 바꾸려고 할 것이다. 그러나 그들은 결국 상황이 더욱 악화되었음을 깨닫게 될 지도 모른다. 이런 사태가 발생하면, 당신이 권력을 획득하는 과정에서 다치게 한 사람들은 당신을 적대시할 것이다. 따라서 신생 군주는 아무리 강력한 군대를 거느리고 있어도 지역 주민들의 지지를 잃지 말아야 한다. 주민들이 아직 자유에 길들여져 있지 않다면 이들을 장악하기가 더 쉽다.

위의 내용은 강력한 경영에 익숙한 회사가 느슨한 경영에 익숙한 회사보다 강한 지도자를 더 쉽게 받아들일 것이라는 사실을 시사한다. 회사가 매각되거나 새로운 경영진이 투입되는 안타까운 경우가 자주 발생하는데, 이는 분명 이전의 경영방식에 문제가 있었다는 의미다. 나태하거나 안락한 행동 양식에 적응이 된 사람들을 강제하여 바로잡기란 이미 규율이 잘 잡힌 인력을 통제하는 것보다 훨씬 어려울 것이다.

다른 국가를 정복했을 때, 정복지에 대한 지배를 계속 유지하려면 행운도 따라야 하고 노력도 많이 해야 한다. 이 새로운 영토를 안전하게 확보하는 최선의 방법은 정복자가 직접 그 지역에 거주하는 것이다. 그렇게 하면 그 곳에서 발생할 수 있는 문제점을 미연에 발견해서 신속하게 대처할 수 있다. 당신이 현지에 있지 않을 경우, 그 지역에서 문제가 발생했을 때는 이미 심각한 사태이므로 수습하기엔 너무 늦는다. 당신이 정복지에 거주하면, 부패한 관료들이 주민들을 약탈하지 못하도록 막아줄 수 있을 뿐 아니라 주민들도 통치자에게 직접 호소할 수 있기 때문에 만족스러워할 것이다.

현장에 부재하는 관리자는 프로젝트와 가까이 있는 관리자보다 결코 효율적일 수가 없다. 결론적으로 당신의 사업을 발전시키는 일에 당신보다 더 부지런하게 움직이는 사람은 없을 것이다.

또한 다른 국가를 정복한 군주는 스스로 인접한 약소국들의 보호자가 되어 주어야 하고, 이런 종속 관계를 통해 그 중 가장 막강한 인접국을 약화시키려고 노력해야 한다. 절대로 인접국들이 너무 강력하게 힘을 키우거나 독립 자치권을 갖도록 허락해서는 안 된다.

매우 현명한 지적이다. 주요한 계약들을 성사시키면서 외부 회사들을 공급업자나 동업자로서 영입해야 한다면, 그 회사들은 반드시 당신의 회사보다 규모가 작아야 한다는 것을 명심해야 한다. 큰 회사들은 당신 회사의 가치를 알아보고 호시탐탐 인수 기회를 노릴 것이다. 함께 일하려는 회사들이 당신의 회사보다 작으면, 당신에게 의존하도록 만들 수 있고 그러면 장차 합작 투자 사업을 벌일 때 더 유리한 조건으로 협상할 수 있는 기회를 얻게 될 것이다.

피정복국이 자신들의 법제도에 따라 생활하는 것에 익숙할 경우, 그 국가에 대한 지배권을 보존하는 방법이 세 가지 있다. 첫 번째 방법은 그들의 법제를 철저히 파괴하는 것, 두 번째 방법은 그 곳에 가서 거주하는 것이다. 세 번째 방법은 그들이 자신들의 법제도에 따라 그대로 살도록 허용하면서 과두정부(자국의 소수 엘리트들이 국민을 지배하는 형태)를 수립함으로써 정복한 국가와 우호적인 관계를 유지하는 것이다. 이 과두정부는 이 같은 정부 체제를 마련한 자, 즉 신생 군주의 선의 없이는 절대로 존속될 수 없다. 이미 자유로운 생활에 길들여진 국민들을 가장 쉽게 다스릴 수 있는 방법은 본국인을 통해 그들을 지배하는 것이다.

마키아벨리는 새로운 조직을 운영할 때 기존의 인력을 경영진의 중심 세력으로 이용하라고 조언하고 있다. 근로자들은 기존에 알던 상사들에게 친밀감을 느낄 것이다.

군주 지배 체제에 익숙한 국가의 국민들은 복종하려는 습성을 갖고 있기 때문에 신생 군주에게 쉽게 적응할 것이다. 그러나 과거의 통치자와 그의 일족은 반드시 멸해야 한다. 한편 국민들의 지지를 얻기 위해서는 기존의 지역법제나 세제를 그대로 보존한다.

당신이 회사의 현재 소유주거나 관리자라도 과거 그 직책에 있던 사람들이 남아있으면, 근로자들은 당신이 아니라 전직 상사였던 그들에게 충성을 보일 것이다. 그들이 과거에 '악당'이라는 꼬리표를 달고 있었더라도 마찬가지다. 가능하면 그들을 빨리 내보내되 성공적이었던 정책들은 유지한다. 그래야만 근로자들은 소외감을 느끼지 않으면서 안정감을 되찾게 될 것이다.

과거 공화국이었던 국가들에서는 강렬한 복수심이 일기 마련이며 잃어버린 자유를 되찾겠다는 명목으로 새로운 군주에게 대항할지도 모른다. 이런 경우에는 그 국가를 파괴하는 것이 최선의 방법이다. 이를 주저하는 군주는 도리어 자신이 파멸당할 수 있음을 각오해야 할 것이다.

근로자들이 과도한 자유를 누렸던 회사의 경우, 가령 사원이 주주였거나 또는 소수의 친한 동료 집단이 회사를 소유해 온 경우, 새로운 소유주를 향한 적개심이 지극히 클 것이다. 따라서 이런 경우 가장 합리적인 해결책은 회사 자산을 팔아 그 자금으로 다른 곳에 회사를 설립하는 것일 수도 있다.

혁신주의자는 구질서 하에서 번영을 누리던 자들을 적으로 두게 되는 반면, 새로운 질서 하에서 번영하는 자들로부터는 미온적인 지지만을 얻게 될 것이다. 이들의 지지가 미약한 이유는 부분적으로는 현행법이 현재 자신들의 편일지라도 과거의 질서에 대한 두려움이 남아있기 때문이고, 인간은 근본적으로 변화와 미지의 것을 의심하는 존재이기 때문이다. 대중은 본래 변덕스럽다. 대중을 일시적으로 설득하기는 쉬워도 그들을 지속적으로 확신시키기는 어렵다.

전직 회사 소유주나 장기간 부서장을 했던 자들의 절친한 측근이나 동료들이 새로운 후임자들의 친구가 될 수 있는 가능성은 희박하다. 그러니 그들을 과감하게 포기하라.

새로운 군주에게 가장 힘든 시기는 자신의 세력을 확고히 다지면서 동시에 그의 능력을 시기하는 자들을 제거해야 하는 때이다. 그러나 일단 성공하면, 그는 존경을 받기 시작할 것이다.

만약 피정복국의 통치자들이 국민을 잘 다스린 게 아니라 약탈을 일삼던 악당들이었다면, 새로운 질서를 확립하기가 보다 용이하다. 그런 국가에는 무질서와 약탈, 파벌주의, 온갖 종류의 학대행위가 만연해 있을 것이다. 이 경우 좋은 정부를 수립하기에 앞서 그 국가를 주권자의 권위에 복종시켜야 한다.

기존의 상사가 정말 형편없었다면, 그를 대신한 상사는 평범할지라도 거물로 보일 수 있을 것이다. 반면 진정으로 훌륭한 상사는 흉내 내기가 쉽지않다.

군주가 되는 두 번째 유형은 일개 개인이 동료 시민들의 호의에 의해서 권력을 얻는 경우이다. 이 같은 시민형 군주국은 국민이나 귀족들에 의해서 창출되며, 군주가 되기 위해서는 기회를 잘 포착해야 한다. 귀족들은 인민들이 자신들에게 대항하면 귀족들 중 한 명을 추대해서 군주로 만들고, 그의 비호 속에서 자신들의 목적을 달성하려고 할 것이다. 마찬가지로 인민들은 귀족들의 처사를 더 이상 참을 수 없을 때, 자신들 중 한 명을 왕으로 만들어서 왕권을 통해 보호 받고자 할 것이다. 귀족의 도움으로 옹립된 군주는, 인민의 힘으로 선출된 경우보다 자리를 지키기가 더 어렵다는 사실을 깨닫게 될 것이다. 귀족들은 군주가 자신들과 같은 출신이었기 때문에 대등하다고 믿을 것이고, 그러면 군주는 그들을 마음대로 다룰 수 없을 것이기 때문이다. 반면 인민의 지지로써 권좌에 오른 군주의 주변에는 감히 명령받기를 꺼려하는 자가 거의 없을 것이다. 인민들의 목적은 귀족들의 목적보다 정당한데, 그 이유는 귀족들은 인민들을 억압하고 싶어하는 반면, 인민들은 오직 압제를 피하고 싶어할 뿐이기 때문이다.

당신이 '평사원'이었다가 권력자의 위치로 승진했다면, 힘든 상황에 직면할 수도 있다. 과거 당신의 동료였던 사람들은 이제는 당신에게 복종해야 할 것이고, 당신은 더 이상 그들과 친구로 지낼 수 없을 것이기 때문이다. 마찬가지로 종업원에 의한 기업 인수EBO : employee-buyout : 주로 우리 사주 조합이 중심이 되어 대기업에서 분리된 회사를 인수하는 것를 통해 막강한 권력자의 위치로 올라간 자는 그가 시행한 정책들이 별로 호응을 얻지 못하면, 그를 지지해 준 사람들에 의해 추락할 수 있다.

인민에 의해 군주가 된 자는 그들과의 우호적인 관계를 유지하도록 힘써야 한다. 그러나 인민들의 뜻과 반하고 귀족들의 지지를 얻어 군주가 된 자는, 최우선적으로 반드시 민심을 얻어야 한다. 어떤 경우든 현명한 군주는 어떤 상황에서도 인민들이 항상 군주와 그의 권위를 믿고 따를 수 있도록 방법을 강구해야 한다. 그러면 인민들은 항상 군주에게 충성할 것이다.

중간 경영진을 교체해야 하는 출혈을 감수하더라도 근로자들을 당신의 편으로 만들어야 한다. 경영진에 투입되고 싶어하는 야심가들은 항상 있기 때문에 이들은 상대적으로 덜 희소하다. 반면 근로자들의 충성을 얻기란 쉬운 일이 아닐 뿐더러 사업에서 성공하려면 반드시 필요한 요소이다.

중간 경영진 **선택하기**

대신들을 선택하는 것은 중요한 문제이다. 그리고 이들을 선출하는 군주가 얼마나 지혜로운가가 대신들의 가치를 결정한다. 대중은 군주를 보필하는 신하들의 자질을 통해서 군주의 지성을 평가한다. 대신들이 유능하고 충직하면, 군주가 그만큼 현명해서 그들의 재능을 알아본 것이라고 생각할 것이다. 대신들이 무능하고 불충하다면, 이들을 선출한 자는 군주이기 때문에 군주 자신이 비난의 대상이 될 것이다.

고위급 경영자들은 사실 현장에서 자신들을 대표하는 자들에 의해서 평가받는다. 중간 경영진이나 부서 관리자들의 능력이 부족하거나 또는 필요 이상으로 지나치게 엄격하면, 근로자들은 증오심을 품게 될 것이고, 결국에는 이런 관리자들을 고용한 고위 경영진을 원망할 것이다.

훌륭한 대신들을 계속 옆에 두려면 군왕은 사려 깊게 그들을 대우해 주어야 한다. 그들에게 부와 명예를 주고 은혜를 베풀어라. 그리고 모든 영예와 책임을 대신들과 공유하라. 군주의 이런 행동을 통해서 대신들은 자신들이 군주에게 의존하는 바가 매우 크다는 것을 깨닫게 될 것이다.

충직한 직원들을 유지하는 최선의 방법은 말로써, 그리고 눈에 보이는 유형의 방법으로써 당신이 느끼는 고마움을 그들에게 표현하는 것이다.

군주에게 중요한 문제로서 왕실로 몰려드는 아첨꾼들과 그들의 말에 넘어가지 않는 방법에 대한 논의를 빼놓을 수 없다. 군주가 아첨으로부터 자신을 보호하는 방법은 당신이 진실한 말에 불쾌해 하지 않는다는 것을 사람들에게 알리는 것이다. 그러나 만약 누구나 당신에게 진실을 말할 수 있다면, 사람들은 당신에 대한 존경심을 잃게 될 것이다. 통찰력 있는 군주가 되려면 적정선을 지켜야 한다. 자신의 내각을 위해 일할 현명한 대신들을 선택하고 그들에게만 왕에게 진실을 말할 수 있는 자유를 허용하는 것, 그리고 군주가 대신들의 조언을 구할 경우에 한 해서로 제한하는 것이다. 군주는 모든 문제에 대해 철저하게 질문하고, 그들의 견해를 경청해야 한다. 그러나 결정은 자신이 내려야 한다.

야심을 품은 자들은 항상 실권자와 가까워지려고 애를 쓴다. 유능한 관리자는 이런 사람들을 잘 관찰해서 그중 자신의 귀중한 자산이 될 인물과 단지 승진 기회를 노리고 아첨하는 인물을 구별해 낼 수 있는 현명함을 갖추어야 한다.

군주는 대신들의 조언이 부족한 상황에 처하면 안 되겠지만, 타의에 의해서가 아니라 자의에 의해서 조언을 들어야 한다. 군주가 의견을 묻지도 않는데 누구나 조언을 하는 일은 없어야 한다. 그러나 군주는 대신들에게 끊임없이 질문해야 하고, 끈기 있게 그 질문에 대한 정보에 귀를 기울여야 한다. 만약 누군가 진실에 대한 간언을 보류했다는 것을 알게 되면, 자신의 노여움을 표출해야 한다.

군주는 자신의 대신들 외에는 그 누구의 말도 존중해서는 안 된다. 그리고 일단 결심이 서면 자신의 결정대로 확고하게 행동으로 옮긴다. 우유부단한 군주는 파멸한다. 상충되는 조언에 판단력을 잃고 갈팡질팡하는 군주는 존경받지 못 할 것이다.

어떤 조언이든 또는 조언자가 누구든 간에, 왕의 통찰력이 없으면 훌륭한 조언은 빛을 발할 수 없다.

신중하게 조언자를 선택하고, 항상 그들의 조언을 구하라. 그들의 말에 귀를 기울이고 세심하게 저울질 하면서 독자적인 최고의 판단을 내린 후, 그에 따라 행동하라. 잘못된 결정을 내렸으면 조언자들을 원망하지 말라. 기억하라! 최종 결정은 당신이 내렸다.

중간 경영진 **다루기**

군주는 항상 인민들과 함께 살아야 한다. 군주는 귀족 없이도 왕권을 행사할 수 있는데 자신의 뜻에 따라 귀족들을 창출할 수도 폐지할 수도 있기 때문이다.

귀족에 대해서는 다음과 같은 두 가지의 주요한 고려점이 있다. 군주에게 의존적인 자들에게는 반드시 애정을 베풀고 존중해 주어야 한다. 반면 독립적으로 남아있는 자들은 두 가지의 상이한 이유 때문이다. 소심하거나 용기가 부족해서 그런 거라면, 군주는 그런 귀족들, 특히 똑똑한 조언을 해줄 수 있는 자들을 쓸모 있게 만들어야 한다. 그들은 군주가 통치를 잘 하면 그를 존경할 것이고, 혹시 역경의 시기가 온다고 해도 군주가 두려워 할 존재는 못 된다. 그러나 의도적으로, 독립적으로 남아 있는 귀족들은 군주보다 자신들을 더 염려한다는 뜻이다. 이런 자들을 대비해서 군주는 경계를 늦추어서는 안 된다.

당신과 근로자들 사이에서 완충 역할을 하는 사람들과 부서 관리자들을 십분 활용하라. 일부는 '사람들을 다루는 훌륭한 기술'을 갖고 있을 것이고, 일부는 정책 수립에 뛰어난 자질을 보일 것이다. 그들의 강점을 이용하되, 요주의 인물로 보이는 중간 관리자들을 경계하라. 그는 당신에게 불리하게 작용할 수 있다.

군주가 자신의 통치력을 스스로 입증하는 것보다 그에게 더 큰 명성을 가져오는 일은 없다. 선의에서든 악의에서든 사회적으로 비범한 업적을 이룬 인물은 만인의 입에 회자되는 방식으로 보상받거나 처벌해야 한다.

가끔씩 적극적인 의사표시를 하면 확실히 당신은 주목을 끌 수 있을 것이고, 대개의 경우 당신의 명성은 보다 커질 것이다. 적어도 당신의 간부들과 사원들은 당신을 더욱 더 존경하게 될 것이다.

군주는 자신이 재능 있는 자들을 소중히 여긴다는 것을 적극적으로 표현해야 한다. 유능한 자들을 격려하고, 맡은 바 직무에 뛰어난 자들을 예우하라. 또한 인민들이 평화롭게 생업을 이끌어 갈 수 있도록 격려하고, 누구든 그의 도시나 국가를 번영시키려고 힘쓰는 자에게는 보상을 해 주어라. 아울러 1년 중 적합한 시기에 축제를 열어주어 인민들을 즐겁게 해주어야 한다.

우리는 잘한 일에 대해서 감사의 표시를 하는 것의 중요성을 잊고 사는 경우가 많다. 지위 고하를 막론하고, 사람은 누구나 자신이 한 일이 높이 평가 받는다고 느낄 때 만족감을 느끼고 용기를 얻는다. 그러나 너무 잦은 칭찬은 일상사처럼 되어 가치를 잃게 되니 남용하지 않도록 주의한다.

직원들 다루기

당신은, 반역자들을 진압하기 위해서 잔인하고 유능한 행정관에게 최대한의 권한을 부여할 것이다. 그러나 일단 그가 맡은 바 임무를 완료하면 더 이상 그에게 지나친 권한을 주는 것은 불필요하며,

곧이어 그의 막강한 권한을 두고 보기가 힘들어질 것이다. 아울러 군주는 명망 높은 지도자가 이끄는 의회를 설치해서 도시의 각 분파에게 의회의 대표권을 나누어 주어야 한다. 불가피하게도 과거의 가혹행위들로 인해 대중은 군주에 대해 다소간 증오심을 품게 되었을 것이다. 따라서 군주는 이제 최근의 무자비한 조처들은 자신의 뜻이 아니었고 전적으로 집행자의 잔혹한 성품으로 인한 것이었다는 점을 인민들에게 분명히 알림으로써 민심을 얻어야 한다. 그 후에는 인민들이 충격을 받고 즉시 분노를 삭일 정도의 가혹한 방법으로 집행자를 제거해야 한다.

실질적인 숙청이 예정된 수순이라면, 가혹한 조처들로 비난을 받게 될 앞잡이를 내세워 일을 맡기고 사태가 해결되면 그를 제거하라. 이런 방법으로 당신의 손을 아주 깨끗이 유지진 못하더라도 비열한 일의 실질적인 행위자를 해고함으로써 근로자들을 당신 편으로 빨리 끌어들일 수 있다.

관대하다는 평판을 얻는 것은 겉으로는 근사해도, 실제로 그런 상황이 되면 당신은 실의에 빠지게 될 것이다. 훌륭하고 진정한 관대함은 대중의 주목을 받지 못한 채 묻히기도 한다. 관대해 보이고 싶으면 허세를 부리면서 아낌없이 돈을 써야 할 텐데, 그러다보면 국가재정을 낭비하게 될 것이다. 그 다음에는 재정을 확충하기 위해 백성들에게 과도한 세금을 부과해야 할 것이다. 관대함만큼 자기 파괴적인 것도 없다. 관대함을 실천하다보면 관대함을 베풀 수 있는 능력을 상실해 버리기 때문이다. 만약 진정한 관대함을 베풀 수 없으면, 구두쇠로 불릴 각오를 해야 한다. 그러나 구두쇠 군주는 시간이 흐르면 결국 관대한 자로 대중에게 인식될 것이다. 그는 백성들에게 경제적 부담을 주지 않고 기존의 세금으로 국가를 꾸려간다. 그렇게 하여 백성들의 재산을 보존해 줌으로써 자신의 관대함을 증명하는 것이다.

지나치게 진보적으로 행동하거나 또는 모든 사람의 호감을 얻고자 너무 애쓰는 것은 회사의 재정을 낭비한 후 임금을 삭감하는 것만큼 자멸적일 수 있다. 그보다는 보수적인 노선을 취하는 것이 훨씬 낫다. 결국 근로자들은 당신을 훌륭하고 공정한 관리자로 평가하게 될 것이다.

군주는 잔인하다는 평판보다 너그럽다는 평판을 얻고 싶어해야 마땅하다. 그러나 그릇된 방법으로 너그럽다는 평판을 얻지 않도록 주의해야 한다. 군주는 신민들을 단결시키고 충성하도록 유지하는 한 잔인하다고 비난 받을까봐 염려해서는 안 된다. 때로는 본보기를 보여주어야 한다. 지나치게 관대해서 질서를 바로 잡지 못하고 사회적 정치적 혼란을 일으키는 지도자들보다 결과적으로는 자신이 더 너그러운 군주임을 입증하게 될 것이다.

요약하자면 나쁜 정책이나 나쁜 직원은 아무리 인기가 있어도 제거하는 편이 더 낫다. 그렇지 않으면 나쁜 상황이 더 악화되거나 당신이 불리한 입장에 처하게 될 것이다. 중요한 것은 장기적인 성공이지 단기적인 인기가 아니라는 점을 기억하라.

　그래서 다음과 같은 질문을 하게 된다. 사람들이 두려워하는 존재가 되는 것이 사랑받는 존재가 되는 것보다 더 나은 것인가? 아니면 그 반대인가? 누구나 두 가지 속성을 전부 갖추고 싶을 것이다. 그러나 이 둘을 조화시키기란 여간 어려운 일이 아니다. 따라서 사람들은 보편적으로 배은망덕하고 변덕스러운 거짓말쟁이들이란 점을 고려했을 때, 사랑받는 존재보다는 경외의 대상이 되는 것이 더 낫다고 볼 수 있다. 인간이란 위험은 피하려하고 이익에는 탐욕스러운 존재여서 당신이 잘해줄 때만 당신의 편이다. 당신이 위험에 처하면 그들은 도망친다. 그들은 두려움을 일으키는 자보다 사랑을 베푸는 자에게 더 쉽게 해를 가한다. 처벌에 대한 공포는 두려움을 증폭시키며 이것은 항상 효율적이다. 그러나 군주는 두려운 존재가 되면서 대중의 사랑을 받지는 못하더라도, 적어도 증오의 대상은 되지 말아야 한다. 무엇보다도 군주는 백성들의 재산을 빼앗는 일은 삼가야 한다. 인간은 재산을 잃은 슬픔보다 부모의 죽음을 더 빨리 잊는 존재이기 때문이다.

　경영자가 자신과 자신의 사업을 안전하게 지키는 최선의 방법은 필요시에 직접적인 통제권을 갖는 것이다. 일이 잘 풀릴 때는 불간섭 정책을 펼치는 것이 필요하다. 간섭하는 상사를 좋아하는 사람은 없다. 경영자가 융통성이 있어야만 직원들이 간섭을 받을 경우 그가 참견을 잘하는 상사여서가 아니라 직접적인 조처로 대처해야 하는 응급 상황임을 알아차릴 것이다. 위기가 왔을 때는, 전면적인 임금 삭감이나 건강관리보험 혹은 연금 같은 '복리후생혜택'을 없애는 것보다는 일자리를 몇 개 줄이는 것이 차라리 더 낫다. 모두 똑같이 고통을 겪게 되면 직원들은 전부 당신에게 불만을 가질 것이다. 회사의 비용을 줄이는 과정에서 소수만 해고하면 남은 직원들은 모든 혜택들이 그대로 유지된다는 사실에 감사할 것이다.

군주가 약속을 지키는 것은 칭찬받을 일이며, 거래를 할 때는 일구이언해서는 안 된다. 그러나 위대한 업적을 이룩한 군주는 종종 말을 가벼이 했고, 술책으로 남을 속였으며, 그렇게 하여 정도를 지키는 자들을 정복해 왔다.

통치자는 자신의 말이 스스로를 불리하게 만들거나 이를 지켜야 할 명분이 더 이상 없을 때는, 그 발언에 구속되어선 안 된다. 모든 인간이 선하다면 이 같은 조언은 옳지 않을 것이다. 그러나 인간은 약속을 지키지 않는 비열한 존재이므로 당신도 그들에게 한 약속을 굳이 지킬 필요는 없다. 당신은 자신의 기만적인 행동들을 감출 줄 알아야 하고, 유능하고 노련한 거짓말쟁이가 될 수 있어야 한다.

따라서 군주는 상기의 훌륭한 자질을 전부 갖출 필요는 없지만, 반드시 갖춘 것처럼 보여야 한다. 실제로 군주가 온갖 좋은 성품들을 그대로 실천하려고만 한다면, 그는 약자로 남게 될 것이다. 그러나 군주가 그 자질들을 다 갖춘 것처럼 보일 뿐이라면, 대신들은 왕을 잘 섬길 것이다. 다시 말해 군주는 동정심이 있고, 자신의 발언에 신의가 있고, 친절하고, 악의 없고, 독실해 보여야 하겠지만, 필요시에는 그 반대로 행동할 줄도 알아야 한다. 상황에 따라 군주는 바뀔 수 있어야 한다.

모든 신민들은 군주를 볼 수 있지만 당신을 제대로 알 수 있는 위치에 있는 자는 드물다. 결국 사람들은 보이는 데로만 받아들일 것이며, 당신의 진면목을 보게 될 자는 거의 없다. 보통 사람들은 오직 외모와 결과로써 군주에 대한 인상을 결정한다.

간략히 말해서, 가능하면 고결하고 훌륭한 성품을 지향하되 사업의 세계는 비도덕적인 인물들이 득실댄다는 사실을 명심하라. 때로는 도둑을 잡으려면 도둑이 필요하다. 사람들로부터 개방적이고 정직하다는 평판을 얻어 놓는다면, 당신은 가끔씩 불시의 공격을 감행하고도 보다 쉽고 교묘하게 빠져나갈 수 있을 것이다. 반면 비열한 행위로 평판이 자자하다면, 누구나 당신이 가할 불시의 공격에 대비하기 때문에 성공 확률은 낮아진다.

군주는 미움을 받거나 경멸당할 수 있는 행위는 무엇이든 절대로 삼가야 한다. 변덕스러움, 경솔함, 소심함, 우유부단함은 경멸받는 이유가 될 것이므로, 이런 속성들은 역병이라도 대하듯 철저히 피해야 한다. 군주는 다른 악덕함으로 비난 받더라도 이런 행동들만 삼가면 위험에 처하지는 않는다. 당신은 행동을 통해서 웅장함과 용기, 침착,

강함을 드러내야 한다. 군주는 분쟁을 해결할 때 자신의 판단이 번복될 수 없음을 분명히 해야 한다. 그렇게 인식되어야만 아무도 감히 군주에 대한 음모를 꾀하지 않을 것이다.

자신의 명예를 고결하게 지켜야 한다. 그래야만 거리낄 것 없이 타인에 대한 도덕적인 판단을 내릴 수 있다. 일 처리를 제대로 못해서 당신에게 해고당한 허술하고 부정직한 직원보다도 당신이 더 경멸스럽다면, 그런 상사를 존경할 부하 직원은 어디에도 없다.

군주는 미움 받는 일을 피하고 백성들을 만족시킨다면 음모로부터 자신을 지킬 수 있다. 이를 위해서 군주는 욕을 먹을 조처들은 다른 사람에게 떠넘기고, 인기를 끌 조처는 자신이 직접 행해야 한다. 또한 누구든 자신을 위해 일하는 자에게는 큰 해를 가해선 안 된다. 인민의 지지를 얻고 있는 군주는 음모에 대해 염려할 필요가 없다. 그러나 백성들이 군주에게 적의를 품고 증오하고 있다면, 군주는 무엇이든 그리고 누구든 두려워해야 할 것이다.

앞서 지적했듯이 불가피하게 손에 피를 묻혀야 한다면 그 일을 다른 사람에게 맡겨라. 영입된 능률 전문가나 경영 컨설턴트들이 그런 일을 맡기기에 적합한 자들이다. 어떤 행동을 하든지 간에 당신의 사람들을 난처하게 해서는 안 된다. 동료들 앞에서 호되게 꾸짖거나 망신을 주는 일을 삼가라. 그런 행동은 그들을 당황하게 만들 뿐 아니라 전체 직원들도 당신을 좋게 보지 않을 것이다. 결국 근로자들이 당신에게 느꼈던 존경심은 전부 사라지게 될 것이다.

경쟁자 **다루기**

항상 어느 한쪽 편을 드는 것이 중립을 지키는 것보다 이롭다. 당신의 의사를 표명하지 않으면 승자는 당신에게 반감을 가질 것이다. 자신과 동맹을 맺지 않은 당신을 그는 신뢰할 수 없기 때문이다. 그러면 패자는 크게 기뻐할 것이다. 당신은 패자에게도 도움을 주지 않았기 때문이다. 이제는 두 편의 적이 생겨 당신의 피난처는 어디에도 없게 된다.

울타리 위에 앉아서 방관하는 태도는 재앙을 초래할 수 있다. 분명한 것은 개성과 강한 신념을 갖고 있는 인물이라는 명성은 당신과 영영 멀어진다는 점이다.

군주는 꼭 필요한 경우가 아니라면, 자신보다 더 강한 군주와 다른 나라를 치기 위한 공격적 동맹을 맺지 말아야 한다. 당신과 동맹국이 승리하면 당신은 동맹국의 포로 같은 신세가 될 것이다.

이것은 일시적인 제휴관계를 맺을 때 세력이 약한 동업자로서 합류하는 것을 피하라는 조언이다. 항상 상대보다 강력한 동업자의 위치에 서고, 상대가 당신에게 의존적인 관계가 되도록 전력을 다 해야 한다.

결론

만약 신생 군주가 본인이 전술한 모든 원칙들을 신중하게 준수한다면, 그는 폭넓은 경험을 쌓은 것처럼 보일 것이다. 이 점이 그를 안전하고 무사하게 지켜 줄 것이다. 마치 다년의 경험을 축적한 듯, 그의 행동들은 장기간 확고한 자리를 지켜온 통치자의 행동들보다 더 많은 주목을 받게 될 것이다. 그런 행동들을 통해서 노련한 기술과 힘을 과시할 때 신생 군주는 백성들의 충성을 얻게 될 것이다.

이로써 신생 군주는 두 배의 영예를 안게 될 것이다. 그는 새로운 국가를 세우고, 그 국가를 새로운 법제와 신뢰할 수 있는 동맹자들, 그리고 대중을 고무시키는 지도력으로 막강하게 하였기 때문이다.

해적법전 THE PIRATE CODE :03

독재자, 절대군주, 악당사상가로부터 배우는 부의 수업 _____

해적 황금기1695-1725하면 떠오르는 용어면서 항상 우리의 모험심을 자극하는 것들이 몇 가지 있다. 검은 수염, 키드 선장, 헨리 모건, 앤 보니 그리고 역시 가공의 인물인 롱 존 실버와 후크 선장 등이다.

우리는 해적들이란 자유로운 주연을 펼치고 교수형을 당하는 순간에도 저돌적으로 반항하는 삶을 살았던 낭만적인 악당들이라 믿고 싶어한다. 때로는 독재적인 선장의 속박을 받던 무모한 일당들로 생각하고 싶기도 하다. 그러나 사실 해적들은 종종 굶어 죽기 직전의 상태로 목숨을 연명할 만큼 극도로 가난한 무리들이었다. 그들의 습격은 주로 금괴를 탈취하기 위한 것이 아니라 은화 몇 푼을 얻기 위해서였다. 해적들은 서인도 제도를 떠나면서 식량, 의약품, 럼주를 약탈했다. 지역 주지사를 인질로 삼고 몸값으로 매독 치료용 의약이었던 수은을 일정량 요구했던 사례가 기록으로 잘 남아 있다. 아슬아슬하게 줄 끝을 타면서 해적 생활을 하다보면, 살해되거나 괴혈병, 음주, 기아 또는 매독에 걸려 목숨을 잃는 경우가 태반이었다. 바다에서 20년 이상 살아남은 해적은 극히 드물었다.

이 필사적이고 이질적인 일당을 단단히 결속시키는 선장의 직책을 대다수의 해적들은 구태여 맡으려 하지 않았다. 선장은 단순히 자진해서 또는 무력으로 차지하는 자리가 아니었다. 우리가 널리 믿고 있는 사실과 대조적으로, 선장은 폭군이나 독재자가 아니었다. 사실 그는 해적 단원들에 의해 선출되었고, 노획물이 굴러 들어와야만 그 직책에 어울리는 대접을 받았다. 오직 전투 기간에만 선원들에 대한 완전한 지배력을 장악할 수 있었다.

시대를 통틀어 가장 강력했던 해적 선장 중 한 명이었던 바르톨로뮤 로버트조차 해적들이 선장을 선출하는 이유는 '괴롭히기 위해서' 라고 투덜대곤 했었다. 해적선에서의 실질적 권력은 조타수에게 있었다. 식량, 음료, 의약품들을 지키고, 분쟁을 해결하고, 규정에 따라 벌하고, 약탈품을 분배하는 자가 바로 조타수였다. 조타수 역시 배에서 가장 믿을만한 인물이여야 한다는 전제하에 선출되었다. 흥미로운 것은 로버트 루이스 스티븐슨 작 『보물섬』에 등장하는 허구 인물인 롱 존 실버는 플린트 선장의 조타수였는데, 나중에 그 직책이 그에게 선원들을 결집하는 힘을 부여해 준다는 점이다.

나름의 질서를 유지하겠다는 시도에서 거의 모든 해적들은 법 또는 조항이라는 명칭으로 몇 가지 행동강령을 정해 놓았다. 이 규정을 어기면 누구든 처벌을 받았다. 대표적인 해적 법전의 사례들을 몇 가지 추려서 본서에 실었다. 이런 규정을 정해야 했던 극단적인 상황들을 고려했을 때, 그들이 놀라울 정도로 공정했었다는 사실에 독자들도 공감하리라 믿는다.

그들의 규정들을 살펴보면, 약탈품의 '공유'가 자주 언급되는 것을 알 수 있다. 이는 약탈한 물건들을 전부 한 군데에 뒤죽박죽 쌓아놓고 모든 사람이 똑같이 나누어 가져야 한다는 의미는 아니다. 럼주든, 담배든, 노예든, 습격해서 얻은 것은 무엇이든 창고에 저장했고, 가장 가까운 단골 항구에서 '장물아비'를 통해 팔았다. 약탈한 현금은 대개 배와 무기류의 유지 및 식량 공급을 위해 적지 않은 분량인 약 25에서 30퍼센트를 남겨두고, 나머지는 전부 해적들에게 골고루 배분되었다.

여기서 가장 주목할 점은 최고 관리자와 간부들이 일반 해적들보다 더 많은 몫을 받긴 했지만, 균형을 깨뜨리는 비상식적인 배당을 받은 자는 없었다는 것이다. 특정 간부가 너무 많은 몫을 챙기면, 일반 해적들 사이에 불만이 쌓이면서 그가 곧 해적이라는 생각을 품었을지도 모를 일이다. 아울러 당신이 책임지고 있는 분야에서 직원들의 행동 규칙을 정하는데 도움이 될 만한 비결도 제시되어 있다. 거두절미하고 누가 조직의 조타수인지를 직원들에게 인식시키라는 것이다. 해적들과 선장이 정한 생존 항목들로 구성된 완전한 문서를 본서에 실었다. 이 인용문들을 단일한 현대식 주제별 제목에 따라 분류하였다.

경영과 근로자 권리 그리고 책임

선장 존 필립의 조항들

1. 누구든 일반 명령을 준수해야 한다. 선장은 노획품의 1과 2분의 1의 몫을 갖는다. 선장, 목수, 갑판장과 포수는 1과 4분의 1의 몫을 갖는다.

추가분의 지급으로 최고 경영자와 중간경영진의 지위를 근로자들에게 인지시킬 수 있을 것이며, 그 정도도 적당하기 때문에 근로자들은 착취당한다는 불평도 하지 않을 것이다.

2. 무리에서 도망치려고 하거나 비밀을 만드는 자는 화약 한 병과 물 한 병, 권총 하나, 실탄 몇 개와 함께 무인도에 버려질 것이다.

무인도에 유기되는 처벌은 비즈니스에서는 실효성이 없을지 모르겠지만 도주 행위와 거짓말은 가혹한 처벌을 받을 만하다.

3. 비록 은화 한 냥이라도 무엇이든 동료의 것을 훔친 자는 무인도에 버려지거나 총살될 것이다.

해적은 무인도에 버려질 때 얼마간 목숨을 부지하기 위해 필요한 최소한의 물품만 받고 섬에 홀로 방치되었다. 동료를 속인 죄에 대한 벌로는 너무 가혹했었는지도 모르겠다. 비즈니스계에서 버림받고 추천서나 신원보증서 없이 표류하는 것과 상당히 유사한 상황이라고 볼 수 있겠다.

4. 언제든 다른 해적선을 만났을 때 동료들의 동의 없이 그들의 조항에 서명하는 자는 선장과 선원들이 결정하는 적합한 처벌로 고통받게 될 것이다.

회사를 다니다보면 한두 번은 이직을 경험하는 것이 현실인 마당에, 이 조항은 회사에 대한 충성보다는 빠른 개인적 성장을 우선시하는 사람들에게 좋은 교훈이 될 수 있다.

5. 법전의 조항들이 유효한데 또 다른 조항을 만들려 하는 자는 누구든지 맨 등에 서른아홉 번의 채찍질을 당할 것이다.

이것과 다음의 두 조항은 규정 위반에 따른 처벌과 관련되어 있다. 처벌 내용이 바뀐 경우, 적용되는 위반 사항들과 그에 따르는 처벌을 상세히 설명해 주어야 할 것이다.

6. 총기를 발사하는 자(장전이 안 된 총기의 방아쇠를 당겨 부싯돌이 불꽃을 일으키는 것을 뜻함), 파이프에 뚜껑을 씌우지 않고 선창에서 담배 피는 자, 또는 점화한 초를 랜턴에 넣지 않고 운반하는 자는 5번 조항과 동

일한 처벌을 받을 것이다.

항상 안전을 최우선시해야 한다.

7. 자신의 무기류를 전투에 적합하도록 청결히 관리하지 못하는 자 또는 자신의 임무를 소홀히 하는 자는 누구든 제 몫을 받지 못할 것 이며, 선장과 선원들이 정한 다른 적합한 처벌로 고통을 받을 것이다.

누구나 자신의 장비나 연장을 정기적으로 관리해야 할 책임이 있음을 인정해야 한다.

8. 전투 중에 관절을 잃은 자는 보상으로 은화 400개를 받고, 수족 을 잃은 자는 은화 800개를 받는다.

직원들에게 건강 보험과 상해에 대한 보상을 제공하는 것은 보편적인 복지 정책이며, 이들과 원만한 관계를 유지하기 위해서는 매우 필수적인 사항이다.

9. 정숙한 여성을 만났을 때 그녀의 동의 없이 몸을 만지려 하는 자 는 죽음을 면치 못할 것이다.

성적 희롱이나 그에 대한 가혹한 처벌은 현대적 창안물이 아니라 예전부터 있었던 권리이다.

선장 바르톨로뮤 로버트의 조항

1. 모든 사안에 대해 전원은 투표권을 행사할 수 있으며, 신선한 식량과 독주에 대해 평등한 자격을 갖는다. 물자 부족 사태로 인해 공동의 이익을 추구하고자 투표로써 물자 긴축을 결정한 경우가 아니면, 양식과 술은 언제든 마음대로 이용가능하다.

개인들이 회사의 이익을 공유하고 싶다면, 회사의 책임도 기꺼이 공유해야만 그 같은 바람을 정당화할 수 있다.

2. 포상을 내릴 때는 명단에 기재된 수으로 공정하게 호명할 것이며, 공로의 대가로 적절한 몫 이상과 의복 한 벌을 추가로 받게 될 것이다. 그러나 만약 식기류, 보석류 또는 금전적 가치와 관련하여 횡령 행위를 하면, 동료들로부터 버림받는 처벌을 받게 될 것이다.

3. 돈을 따려는 목적으로 주사위 놀음이나 카드놀이를 해서는 안된다.

해적선에 이런 규칙이 있었으리라고는 전혀 예상하지 못했을 것이다. 그러나 로버트 선장이 절대 금주주의자였던 것을 고려해 볼 때, 그의 성미와 전혀 어울리지 않는 조항은 아니다. 실용적인 측면에서 이 조항은 승부욕 때문에 싸움이 일어난다거나 사기 행각으로 인해 분쟁이 발생하는 위험성을 최소화하기 위해 고안된 것이다.

4. 전등과 촛불은 밤 8시에 소등한다. 그 시간 이후에 술을 마시려는 선원은 개방된 갑판에서 마셔야 한다.

직원들이 정규 근무 시간 이후에 친목을 도모하고 싶어하면, 회사 밖에서 모임을 갖도록 하라.

5. 머스캣 총(구식 보병총)과 권총, 단검은 임무 수행에 적합하도록 청결하고 적절하게 관리한다..

회사 장비는 반드시 사용자에 의해 소중히 다루어지고 제대로 관리되어야 한다.

6. 소년이나 여성은 해적 일단에 합류할 수 없다. 누구든 여성에게 치근덕대다가 눈에 띄거나 속여서 바다로 데려오면 그 자는 죽음을 면치 못할 것이다.

필립스 선장처럼 바르톨로뮤 선장도 성적 괴롭힘을 용인하지 않았다.

7. 배를 버리거나 전투 중에 맡은 구역에서 이탈하는 행위는 사형이나 무인도에 유기하는 형으로 처벌한다.

상황이 어려울 때 동료들을 버리고 더 높은 급여를 주는 직장으로 옮기는 자는 상황이 호전되었을 때 동료들이 자신을 다시 받아 주리라고 기대해서는 안 된다.

8. 선상에서 선원들 간의 몸싸움을 금하며 해변에서 검과 총으로 대결하여 시비를 가린다. 조타수는 분쟁의 당사자들이 타협하지 못하면, 적합한 보조 도구들을 지참하고 이들을 해변으로 데려간다. 당사자들 서로의 등을 돌리게 하고 다른 구경꾼들은 멀찌감치 떨어져 있게 한다. 발사 명령에 따라 양 측은 돌아서서 즉시 발포한다. 어느 쪽도 상대를 명중시키지 못하면 단검으로 겨루어 먼저 상대방의 피를 내는 자를 승자로 선언한다.

사적인 문제를 회사로 끌어들이지 말라. 같은 회사 동료와 관계된 문제든 외부인과 관계된 문제든 간에, 사무실은 사사로운 경쟁을 하거나 원한을 풀기 위한 장소가 아니다.

9. 모든 선원이 100파운드씩 분담 소유하기 전까진 어느 누구도 현재의 생활 방식에 이의를 제기 할 수 없다. 누구든 이 같은 공동 목표 달성을 위해 임무를 수행하던 중 사지를 잃거나 혹은 절름발이가 되

면, 그는 상해에 대한 보상으로 공동 기금에서 800달러를 지급 받게 될 것이고, 이보다 부상이 덜한 경우에는 그 정도에 맞는 금액이 책정될 것이다.

이 조항의 첫 문장은 특히 개인들이 모여서 벤처 회사를 설립한 경우에 적용된다. 무언가를 시작했으면 끝까지 매진하라. 회사를 설립했다고 해서 쉽게 돈방석에 앉는 것은 아니다. 또한 단지 상황이 어렵다고 무작정 긴급 융자를 지원해서 동업자를 어려움에서 구해내지도 말아야 할 것이다. 여기서 보상금에 대한 화폐 단위가 일치하지 않는 점도 유념하라. 영국 파운드와 미국 달러가 둘 다 사용되고 있다. 이것은 최초의 출판업자가 실수한 부분일 수도 있고, 아니면 해적들은 원래 남의 돈이라면 가리지 않고 신이 나서 훔치는 족속들이라는 사실에 대한 예증인지도 모른다.

10. 노획품을 나눌 때 선장과 조타수는 두 사람 몫을, 기장, 갑판장, 포수는 1과 2분의 1의 몫을, 다른 간부들은 1과 4분의 1의 몫을 받는다.

선장의 몫이 필립스 선장의 조항들과 비교해서 조금 많긴 해도, 여전히 적절한 수준을 지키는 합당한 분배이다.

11. 연주자들은 안식일에 쉬지만 특혜를 받은 경우가 아니면, 이들도 다른 해적들과 마찬가지로 그 밖의 6일 낮과 밤을 일해야 한다.

극한 상황이 아니라면, 생산능력의 한계점을 넘어 인력을 가동시키지 말아야 한다.

조지 로더 선장의 조항들

1. 선장은 두 사람 몫을, 기장은 1과 2분의 1의 몫을 받는다. 의사, 항해사, 포수와 갑판장은 1과 4분의 1의 몫을 받는다.

2. 선상에서 다른 사람을 공격하거나 괴롭히려는 목적으로 불법으로 무기를 소지한 죄가 밝혀진 자는 선장과 과반수 간부가 결정한 적합한 처벌을 받게 될 것이다.

3. 교전 중 비겁한 행동을 한 자는 선장과 과반수가 정하는 적합한 처벌을 받게 될 것이다.

회사가 어려운 시기에 처해 있을 때 당신의 중간 경영진들 중 누구 하나 나서서 회사를 도우려 하지 않는다면, 그들은 고용할 가치가 전혀 없는 자들이다.

4. 금, 보석, 은을 비롯해서 은화 한 냥의 가치가 있는 포획물에 이르기까지, 선상에서 발견한 물건은 24시간 이내에 조타수에게 전달한다. 이를 어기는 자는 선장과 과반수가 정하는 적합한 방식에 따라

처벌을 받게 될 것이다.

5. 도박죄를 저지르거나 타인에 대한 채무를 이행하지 않는 자는 채무액이 1실링의 가치에 불과하더라도 선장과 동료들이 정하는 적합한 처벌을 받게 될 것이다.

위의 두 조항은 책임과 책임 불이행에 대한 처벌이라는 공통된 주제를 담고 있다. 자신의 책임을 이행하지 않는 방종한 자는 항상 대가를 치러야 했는데, 왜 그 처벌 방식과 내용을 명확히 정해서 문서화하지 않았는지는 알 수 없다. 아울러 모든 처벌은 전체 해적들의 합의 하에 결정되었다는 점에 주목하라. 비록 오늘날에는 동료들이나 부서 직원들 앞에서 특정인을 책망하는 것이 나쁜 관행으로 받아들여지긴 해도, 어쩌면 오히려 그런 방법으로 부당한 대우를 미연에 철저히 방지할 수 있을지도 모른다.

6. 교전 중에 사지를 잃는 불운을 당한 자는 보상으로 150파운드를 받고, 자신이 원하는 동료 한 명과 함께 원하는 곳에 남는다.

7. 필요시에는 좋은 숙소를 제공할 수 있다.

이 조항은 교전 중에 생포한 포로들을 무조건 죽이진 않았다는 의미다. 마찬가지로 군이 그럴 필요가 없는데도 사업 경쟁자를 무너뜨리면, 누군가 당신의 사업체를 인수하려고 할 때 당신이 도움을 요청할 수 있는 곳은 그만큼 적을 것이다.

8. 다른 배를 최초로 발견한 해적은 그 배에서 노획한 최고의 권총이나 소형 무기를 포상으로 받게 될 것이다.

잘한 일에 대해서 작은 보상이라도 해주는 것은 항상 득이 된다.

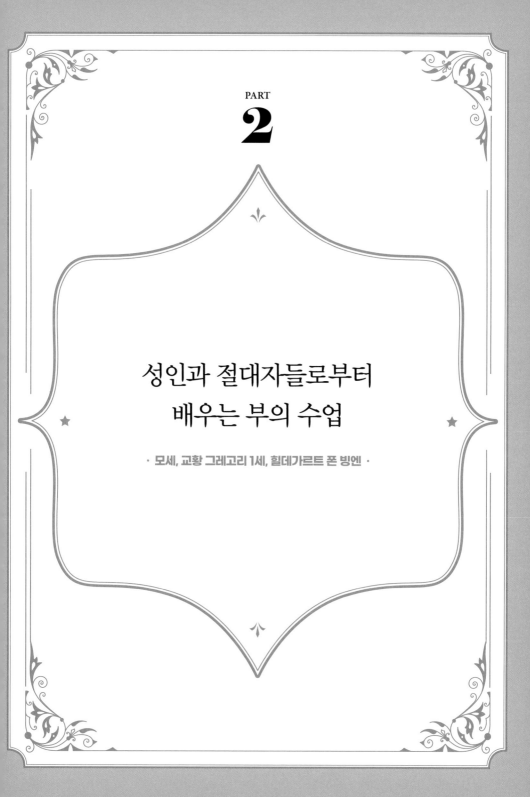

PART
2

성인과 절대자들로부터
배우는 부의 수업

· 모세, 교황 그레고리 1세, 힐데가르트 폰 빙엔 ·

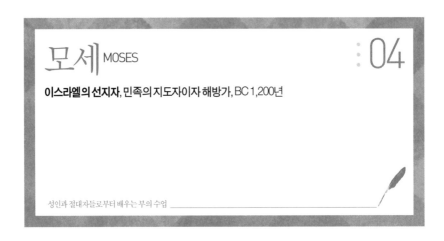

모세 MOSES

이스라엘의 선지자, 민족의 지도자이자 해방가, BC 1,200년

성인과 절대자들로부터 배우는 부의 수업

약 BC 1,200년경 모세는 내키진 않았지만 신의 명령을 받고 이스라엘 민족을 이집트에서 데리고 나왔다. 그 후 39년간 민족을 이끌고 영원한 조국을 찾아 동부 지중해를 배경으로 하는 사막과 황야를 유랑하였다. 그가 신으로부터 십계명을 받고 이를 민족 대단결을 위한 정치적이고 사회적인 틀로서 이용한 것은 이 기간 동안이었다. 이스라엘 부족들이 기능적인 시민 및 군사 사회로 발전했을 때, 신은 비로소 이들에게 신천지와 그 땅의 거주권을 허락하였다. 다음에 인용된 부분은 보다 대의적인 사명 선언식 규정을 다룬 십계의 전문이다. 중반부부터는 크고 작은 일상적인 인간 행동에 대한 세부 규정으로 구성된 모세 시민법 중 일부가 이어진다.

십계 _{출애굽기 20:3-17}

천지의 창조자인 주의 훈계를 경영 관련 저서인 본서에 싣는 것이 다소 모순적으로 보일런지도 모른다. 모든 일을 계획하는 절대자의 위치에서 신은 우리가 준수해야 하는 몇 가지 단호한 원칙들을 정해 놓았다. 십계는 항상 올바른 삶에 대한 기준을 우리에게 제시해 주었다. 간단하고도 명백하고 절대적이며, 궁극적으로는 도덕적이다. 그 원칙들은 분류하기 쉬운 두 개의 범주로 나뉜다. 신_{본서의 경우 '고위 경영자'}은 어떤 대우를 받고 싶어 하는가와 신도들_{본서의 경우 '평사원들'}은 서로를 어떻게 대우해야 하는가이다. 두 번째 범주는 사업적 계층 구조에서 너무도 자주 경시되는 부분이다. 당신의 인력이 서로를 어떻게 대하는가는 직원들과 회사와의 관계 및 맡은 바 업무에 대한 그들의 태도에 막대한 영향을 끼친다.

신의 말씀을 감히 재해석한다는 신성모독의 위험을 무릅쓰고, 본서의 독자적인 주제 제목에 따라 인용문을 분류하였고, 십계가 현재의 사업 관행에 어떻게 적용가능한지에 대한 몇 가지 의견을 추려서 설명을 덧붙였다. 원문을 줄여서 인용했을 뿐 바꾼 부분은 없다. 인용된 십계의 순서는 성경에 실린 순서 그대로이다.

상사 **다루기**

1. 너는 나 외에는 다른 신들을 네게 있게 말찌니라.

정신세계와 마찬가지로 현실세계에서도 이 사람 저 사람에게 충성하다 보면, 결국 재앙을 초래하며 당신의 품위도 실추될 것이다.

2. 너를 위하여 새긴 우상을 만들지 말고 또 위로 하늘에 있는 것이나 아래로 땅에 있는 것이나 땅 아래 물속에 있는 것의 아무 형상이든 만들지 말라.

혹자들이 주장하듯 예술과 사진에 대한 금지령은 아닐 것이며, 1번과 일맥상통하는 내용으로 볼 수 있다.

3. 너는 나의 하나님 여호와의 이름을 망령되이 일컫지 말라. 나 여호와는 나의 이름을 망령되이 일컫는 자를 죄 없다 하지 아니하리라.

이런 훌륭한 조언을 우리는 마음에 새기지 않고 자주 흘려버린다. 비즈니스 세계에 어울리게 해석하자면, 당신의 상사나 회사를 비웃거나 험담하지 말란 얘기다. 뒷말을 하고 다니다 보면, 조만간 그 일이 후환이 되어 말 그대로 당신을 지옥으로 떨어뜨릴 것이다.

효율적인 **관리자 되기**

4. 안식일을 기억하여 거룩히 지켜라. 엿새 동안은 힘써 네 모든 일

을 행할 것이나 제 칠일은 너의 하나님 여호와의 안식일인즉 너나 네 아들이나 네 딸이나 네 남종이나 네 여종이나 네 육축이나 네 문안에 유하는 객이라도 아무 일도 하지 말라.

구태여 문자적 의미를 설명할 필요는 없을 것이다. 여기서 하나님은 우리가 가족을 비롯해 직원, 심지어 잠시 머무는 손님에게도 신이 바라는 것 이상으로 요구하지 말 것을 명하신다는 점에 주목하라. 신도 안식일에는 휴식을 취한다. 신의 뜻을 재해석하자면 '혹독한 고용자가 되지 말라.' 이다.

5. 네 부모를 공경하라. 그리하면 너의 하나님 나 여호와가 네게 준 땅에서 네 생명이 길리라.

일보다는 가족에게 더 큰 영광을 돌려야 하겠지만, 현대에 와서 많은 사람들에게 일은 사실상 가족과 다름없이 되었다. 당신의 일과 사람들, 특히 당신의 길을 가도록 도와준 상사들을 가족처럼 존경하라.

6. 살인하지 말찌니라.

여기엔 동료 근로자들과 경쟁자에게 감정적인 피해를 가하는 것을 비롯해서 단순한 탐욕이나 인간적인 무관심으로 경쟁 상대를 무너뜨리는 것까지 포함된다.

7. 간음하지 말찌니라.

경쟁자와 공모하는 것은 다른 사람의 배우자와 동침하는 것과 똑같은 형태의 배신일 수 있다.

8. 도적질하지 말찌니라.

물적 재산이든 지적 재산이든 회사나 경쟁자로부터 도둑질을 하지 말라. 무언가를 원한다면 정당하게 획득하거나 직접 구매하거나 또는 스스로 개발하라.

9. 네 이웃에 대하여 거짓 증언하지 말찌니라.

아마 이것은 '주의 이름을 헛되이 부르지 말라' 다음으로 사람들이 자주 위반하는 계명일 것이다. 단지 당신의 손을 더럽히지 않기 위해서 타인에게 죄를 뒤집어 씌워서는 안 된다. 더 나아가 남보다 앞서겠다고 회사 내부에서든 외부에서든 경쟁자에게 해를 끼치는 중상모략을 하지 말라. 언젠가 당신은 시합에서 당신보다 더 뛰어난 상대를 만나게 될 것이고 그러면 과거의 피해자들까지 합심하여 당신을 쓰러뜨리려 할 것이다.

10. 네 이웃의 집을 탐내지 말찌니라. 네 이웃의 아내나 남종이나 그의 여종이나 그의 소나 그의 나귀나 무릇 네 이웃의 소유를 탐내지

말찌니라.

경쟁자의 소유물이라고 할지라도 그 물건을 원하는 것 자체가 불건전하다는 말은 아니다. 남의 물건에 눈독을 들여 그에게 피해를 가하면서까지 그것을 얻으려고 하는 것이 옳지않다는 것이다.

모세의 율법

십계명 외에도 이스라엘인들은 매일의 행동들을 망라할 수 있는 일련의 민법 체계를 필요로 했다. 모세와 그의 조언자들과 족장들은 함무라비 법전에 친숙했던 게 분명하다. 출애굽기 21장부터 23장을 살펴보면 모세의 율법 중 상당 부분은 바빌로니아 법전과 거의 유사하다는 사실이 드러나므로, 그 점을 여기서 재차 반복할 필요는 없을 것 같다. 그러나 출애굽기 22장의 후반부와 23장의 전반부에는 모세와 이스라엘인들만의 독특한 율법들이 실려 있다. 주로 민사상 거래에 관한 것으로서 특히 이 부분이 현대 경영에서 적용 가능하다.

인용된 행들은 출애굽기 22장과 23장에 실린 내용들이다. 원전의 순서를 따르지 않고 본서의 독자적인 주제별 제목의 범주에 맞게 분류하여 재구성하였다. 그러나 원문은 손상되지 않은 그대로이다.

상사 **다루기**

[22:28] 너는 재판장(단체의 사무를 맡아보는 직무. ruler의 번역)을 욕하지 말며 백성의 유사(有司)를 저주하지 말찌니라.

등 뒤에서 상사에 대한 얘기를 하지 말라.

[23:13] 내가 네게 이른 모든 일을 삼가 지키고 다른 신들의 이름은 부르지도 말며 네 입에서 들리게도 말찌니라.

상사의 면전에서 경쟁업체가 직원들에게 관대한 대우를 해준다고 떠들지 말라. 그러다보면 당신은 경쟁사로부터 함께 일하자는 제안을 받게 될 것이다.

직원들 **다루기**

[22:18] 너는 무당을 살려두지 말찌니라.

성경에서 해악을 불러오는 존재로 묘사되는 마녀는 경영적 측면에서는 회사 전체에 해를 끼치는 인물을 뜻할 것이다. 사업체에 저주를 내리는 자는 누구든 기물 파괴 행위를 했든, 사기 행각을 벌였든, 산업 첩보행위

또는 여타의 유사행위를 했든 간에 이런 범주에 속한다고 볼 수 있다. 이들의 위반 행위를 개별적인 불법 행위로 국한시켜서는 안 된다. 반드시 그 행위가 조직 전체에 미치는 영향을 함께 고려해야 한다.

[23:7] 거짓 일을 멀리하며 무죄한 자와 의로운 자를 죽이지 말라 나는 악인을 의롭다 하지 아니하노라.

상대가 약자라는 이유로 그를 이용하는 유혹에 빠지지 말라. 힘만 앞세우는 짐승 같은 행동을 해 놓고 그럴 능력이 있어서 그렇게 했다, 즉 '할 수 있어서 그렇게 했다.' 는 변명은 가당치 않다.

사업 동료 **다루기**

[23:2-3] 다수를 따라 악을 행하지 말며 송사에 다수를 따라 부정당한 증거를 하지 말며 가난한 자의 송사라고 편벽되이 두호하지 말찌니라.

'누구나 그렇게 한다.' 라든지 '알고 보면 도둑질이 아니다.' 는 부정행위에 대한 변명이 될 수 없다.

[23:1] 너는 허망한 풍설을 전파하지 말며 악인과 연합하여 무함하

는 증인이 되지 말찌니라.

험담을 만들어 내지 말라. 다른 사람에게 흠집을 내는 행위는 당신을 그 사람보다 더 훌륭하게 보이도록 만드는 것이 아니라 오히려 문제를 일으키는 사람으로 보이게 만들 것이다.

(22:21) 너는 이방 나그네를 압제하지 말며 그들을 학대하지 말라. 너희도 애굽 땅에서 나그네이었었음이라. 또한 이방 나그네를 압제하지 말지니 너희가 애굽 땅에서 나그네 되었었은즉 나그네의 정경을 아느니라.

당신이 잘 모르더라도 같은 회사 사람이나 다른 회사 사람들과 친구로 지내는 것이 단순히 그들을 적으로 단정해 버리는 것보다 낫다.

(22:16) 사람이 정혼하지 아니한 처녀를 꾀어 동침하였으면 빙폐를 드려 아내로 삼을 것이요.

당신보다 작고 힘없는 자의 사업에 교묘히 끼어들었다면, 그가 당신의 경쟁자이든 친구이든 간에 당신은 그에게 도덕적으로 정당해야 한다.

경쟁자 **다루기**

(23:4) 네가 만일 네 원수의 길 잃은 소나 나귀를 만나거든 반드시 그 사람에게 돌릴 찌며

(22:25) 네가 만일 너와 함께한 나의 백성 중 가난한 자에게 돈을 꾸이거든 너는 그에게 채주같이 하지 말며 변리를 받지 말 것이며

위의 두 절은 정직한 경쟁자가 어려운 시기에 처해 있을 때, 그로부터 부당한 이익을 취하지 말라는 훈계이다.

(23:8) 너는 뇌물을 받지 말라. 뇌물은 밝은 자의 눈을 어둡게 하고 의로운 자의 말을 굽게 하느니라.

경쟁자로부터 뇌물을 받는 행위는 '무해한 선물'로 위장되어 있더라도 결국 당신의 입지를 약화시키고 외부 압력에 취약하게 만든다.

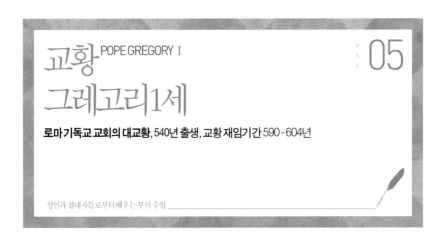

그레고리1세

로마 기독교 교회의 대교황, 540년 출생, 교황 재임기간 590 - 604년

성인과 절대자들로부터 배우는 부의 수업 _____

6세기의 유럽은 행복한 곳이 아니었다. 로마 제국은 오래전 사라졌고 문명은 돌이킬 수 없을 만큼 파괴되었다. 무서운 전사들은 땅과 권력을 얻고자 유럽 전역에서 전투를 벌이면서 전진과 후퇴의 물결을 일으켰다. 로마가 한창 폐허로 변하던 때에, 기독교 교회는 1000년 종말론을 확신하면서 그 전에 이교도들을 기독교로 개종시키려고 필사적인 노력을 기울이는 중이었다.

이 같은 암흑기에 등장했던 몇 안 되는 진보적인 사상가 중 한 명이 교황 그레고리 1세였다. 590년 교황으로 선출된 그레고리는 유럽 황무지의 고립된 지역들에 흩어져 있던 교회들의 요구 사항들을 총괄하면서 로마의 민정을 재건하려고 힘썼다. 그가 전 세계 미개지로 보낸 모든 선교사들

중에서 가장 성공적이었던 인물은 영국 제 1대 대주교, 아우구스티누스였다.

영국이 로마의 보호국이었던 3세기 이후 일부 영국인들은 기독교로 개종했다. 그러나 대부분은 이교도로 남아있는 상태였고, 그럴듯한 명분도 없이 영국에 교황을 주재시키기에는 거리상 로마에서 너무 멀었다. 590년대 초에 이르러 켄트의 왕으로 남부 지역 대부분을 통치했던 에설버트Ethelbert는 기독교인과 결혼했다. 그레고리 교황은 이 사건을 영국에 공식 사절을 보내 교회를 조직할 때가 되었다는 신호탄으로 받아들였다. 597년 교황은 당시 로마 근처의 작은 수도원의 원장이었던 아우구스티누스히포의 아우구스티누스와 혼동하지 말 것를 영국의 대주교로 임명해서 바다 건너 거의 미지의 땅에 가깝던 황야로 파견했다.

방대한 임무에 대해 전혀 준비가 되지 않았던 아우구스티누스는 교황과의 지속적인 서신 교환을 통해서 세속적인 문제와 정신적인 문제 모두에 대한 조언을 구했다. 짐승의 가죽을 걸치고 다니던 이 광포한 이교도들을 어떻게 개종시킬 수 있었을까? 웨일즈인, 켈트인, 프랑스 기독교 분파들을 어떻게 다루었을까?

현명하고 인내심이 있었던 그레고리는 기독교에 대해 대체로 비우호적이었던 미지의 땅에서 가장 큰 영향력을 발휘할 수 있는 방법에 대해 조언을 해 주었다. 그의 조언은 오늘날의 다양한 기업 상황, 특히 적대적 합병으로 새로 인수한 회사에 투입되는 기업인들에게 적용가능하다. 그가 조언하는 대상은 낯선 땅에서 환영받지 못한 방문자였던 6세기의 한 수도사였기 때문이다. 명료한 설명을 위해서 서신의 원문을 편집하거나 일부

생략하였지만, 원래의 순서는 그대로이다. 본서의 주제별 제목에 맞추어 본문을 인용하였다.

효율적인 **관리자 되기**

서기 601년 6월 17일 그레고리 교황은 성 아우구스티누스에게 보내는 한 통의 서신을 발송한다. 로마에서 영국으로 서신을 전달하는 임무는 수도원장 멜리투스가 맡았다.

우리는 선교단이 떠난 후 매우 염려하고 있습니다. 이번 파송의 성공 여부에 대한 소식을 전혀 듣지 못했기 때문입니다. 그러므로 전능하신 주께서 우리의 교우, 가장 존귀한 주교 아우구스티누스에게로 그대를 인도하시면, 영국민과 관련된 문제들에 대해 본인이 심사숙고한 후 어떤 결정을 내렸는지를 전해 주십시오. 영국의 이교도 신전들은 허물지 말아야 하겠으나 그 안에 놓인 우상들은 무너뜨려야 합니다. 그리고 성수를 만들어 건물 안에 뿌리고 제대를 세워서 성물을 모시는 겁니다. 만약 그 사원들이 잘 지어진 건축물들이라면 악을 숭배하던 장소에서 참된 하느님을 섬기는 성전으로 거듭날 것입니다. 그리고 영국민들은 자신들의 신전이 보존된 모습을 보면서 진심어린 마음으로 지난날의 과오를 벗어던질 것이며, 참된 하느님을 알고 섬기면서 평소 익숙하던 신전들을 보다 친근하게 방문할 것입니다.

그리고 그들이 소를 도살해 악마에게 제물로 바쳐온 관행을 고려하면, 어떤 경건한 의식으로 그 행위를 대치해야 할 것입니다. 그들로 하여금 종교적 성찬을 통해 엄숙하게 찬미하게 하고, 악마를 위한 희생물이 아니라 주님을 찬양하기 위해 가축을 죽이게 하고, 자신들이 살아가도록 만물을 허락하신 주님께 감사를 돌리도록 하십시오. 그들의 완고한 사고를 즉시 바꾸려는 것은 당연히 불가능합니다. 높은 곳으로 올라가려면 단숨에 뛰어오를게 아니라 한발 한발 천천히 내딛어야 하기 때문입니다.

아우구스티누스가 영국에 도착했다는 소식을 듣기도 전에 그레고리 교황은 그의 안부를 묻는다. 직원들에게 임무를 맡겨 다른 지역으로 파견 보낼 때는, 노상강도를 만나 위험을 겪을 가능성이 극히 희박하더라도 당신이 자신들에 대해 걱정하고 있다는 사실을 알리는 것이 좋다. 그러나 너무 유난을 떠는 것 같은 인상은 주지 말아야 한다.

또한 교황은 대다수 사람들이 변화를 두려워하여 쉽게 받아들이려 하지 않는다는 점도 알고 있었다. 특히 종교나 직장에 관한 문제처럼 삶에서 중요한 사안이라면 더더욱 거부감이 클 것이다. 모든 걸 순식간에 바꾸어 보겠다고 너무 막무가내로 밀어붙이지 말라. 동시 다발적으로 너무 많은 변화를 접하면 사람들은 위협을 느낀다. 변화가 필요하면 점진적으로 시도하면서 사람들이 친숙해하는 기존의 업무 습관과 결합시켜라.

그레고리 교황이 아우구스티누스에게 보낸 위의 서신은 그의 편지가 교황에게 도착하기 불과 2, 3일 전에 발송된 것이다. 그로부터 5일 후인 서기 601년 6월 22일, 아우구스티누스가 교황에게 한 일련의 질문에 대한 답변으로 또 다른 편지들이 그에게 도착했다.

직원들 다루기

성아우구스티누스의 첫 번째 질문:

주교에 대한 질문입니다만 주교는 성직자를 대할 때 어떻게 처신해야 합니까? 또한 신자들이 내는 헌금은 총 몇 부분으로 구성되고 어떤 식으로 분배해야 하며 교회에서 주교의 행동은 어떠해야 하는 것입니까?

교황 그레고리의 답변:

분명 그대도 잘 알겠지만 성서에는 다음과 같이 명시되어 있습니다. '관례상 로마 가톨릭 교회는 신임 주교가 따라야하는 재정적 원칙들을 정하니, 교회의 총 수입은 다음과 같이 4 부분으로 나뉜다. 첫 번째는 주교와 그의 수행자들을 대접하기 위한 것, 두 번째는 성직자들의 수당을 위한 것, 세 번째는 가난한 자들을 위한 것, 네 번째는 교회의 보수를 위한 것이다.'

위에서 언급한 부분 중 성직자 수당의 분배를 살펴보면, 누구나 필요로 하는 적정 수준에 맞추어 각 성직자들에게 수당을 지급해야 합니다. 이들의 급여를 관리해 주어야 할 것이고, 먹을 양식도 마련해 주어야 하며, 교회의 규정 하에 신변을 보호해 주어야 할 것입니다. 이로써 성직자들은 절도 있는 삶을 살고, 주님의 도움으로 자신들의 정신과 혀와 신체를 모든 악행으로부터 보존할 수 있을 것입니다. 절약하여 남은 부분은 전액 만물의 주님이자 지배자이신 하나님의 명령에 따라 경건하고 종교적인 일에 쓰일 것입니다. '오직 그 안에 있는 것으로 구제하라 그리하면 모든 것이 너희에게 깨끗하리라(누가복음 11장 41절)' 라고 성경에서 말씀하시기 때문입니다.

기업 수익의 분배는 아마 그 어떤 쟁점보다도 더 자주 노동 분쟁의 핵심으로 떠오르는 문제일 것이다. 당연히 현대의 기업에는 암흑시대의 교회와는 다른 필요사항들과 우선사항들이 있겠지만 '공정한 분배' 라는 목표를 지향한다는 점은 동일하다.

오늘날 다수의 기업체에서 그렇듯, 경영인들이 지나친 이익을 챙긴다는 생각이 근로자들에게 팽배하다면, 그들은 힘든 시기가 왔을 때 자신들의 임금에 대한 동결이나 직접적인 삭감을 쉽게 받아들이지 못할 것이다.

1980년대에 기업의 운영 자금을 절감하기 위해서 흔히 행했던 방법이 근로자들의 연금을 없애는 것이었지만, 그보다는 기업이 먼저 나서서 근로자들을 배려해 주는 것이 현명할 것이다. 대기업 연 수익의 1퍼센트로 근로자들에게 벅차고 기쁜 감동을 안겨줄 수 있다면 그 가치를 무엇과 비교할 수 있겠는가? 행복한 근로자들이 진정으로 더 열심히 일한다면 이것은 작은 투자에 불과할 것이다.

마지막으로 그레고리 교황조차 기업의 최우선 사항은 사업의 유지와 확장임을 인식하고 있었다는 것을 알 수 있다. 이 같은 목적을 위해서 교회의 경우 선행을 베푸는 일과 교회 건물을 유지하는 일이 핵심이겠고, 사업체의 경우 새로운 장비와 기술, 근로자들의 기술을 향상시키기 위한 투자가 핵심이 될 것이다. 부수적인 이익에 치우쳐서 이런 측면들을 간과하는 자는 기업의 '정수'를 놓치고 있는 것이다.

중간 경영진 **다루기**

성아우구스티누스의 두 번째 질문:

기독교 신념은 하나로 동일한데 왜 교회마다 각기 다른 관례를 행하는 것입니까? 가톨릭교회의 미사 전례와 프랑스 교회의 미사 전례는 왜 다른 것입니까?

교황 그레고리의 답변:

교우여, 그대는 가톨릭교회 속에서 성장한 만큼 교회의 관례에 대해서 잘 알고 있을 것입니다. 로마나 프랑스 또는 그 밖의 다른 어느 지역 교회에서든, 전능하신 주님께서 기뻐하실 만한 예법이나 의식을 발견하면, 동일한 것 중에서 신중하게 선택하여 그것을 영국 교회에서 가르칠 수 있을 것입니다. 여러 교회의 관례들 중 어느 것이든 좋습니다. 행위란 그것을 가르치는 장소로 인하여 사랑받는 것이 아니라, 선한 행위로 인하여 그 행위를 가르치는 장소가 사랑받는 것입니다. 그러니 여러 교회에서 경건하고, 종교적이며, 도덕적으로 옳은 관례들을 모아 그 중에서 취사선택하십시오. 그대가 그 예법이나 의식들을 모아 하나의 통일된 관례를 확립했으면, 영국민들의 의식이 그 관례에 익숙해지도록 만드십시오.

현명한 최고 경영자는 자신의 경영진들이 각자의 입장에서 가장 효과적인 방식으로 자신의 계획을 이행할 수 있도록 허용해 준다. 만약 경영진들이 자신들의 생활과 업무에 대해 어느 정도 창조적인 통제력을 발휘할 수 있다고 느낀다면, 그들의 계획이 실현 가능한 한 당신은 그들로부터 훨씬 더 큰 결과물과 협력을 얻어 낼 수 있을 것이다.

기업 절도와 **범죄**

성아우구스티누스의 세 번째 질문:
대교황께 조언을 부탁하건데 만약 누군가 교회의 물건에 대해 절도죄를 범하면 어떤 처벌을 내려야 합니까?

교황 그레고리의 답변:
교우여, 그대는 절도행위자에 따라 어떤 식의 처벌이 적합한지를 판단할 수 있을 것입니다. 혹자는 재산이 있으면서도 도둑질을 했을 수 있고, 혹자는 가난 때문에 죄를 지었을 수도 있을 것입니다. 그러므로 자신의 돈으로 벌금을 물어야 하는 죄인도 있겠고, 등에 채찍질을 당하는 처벌을 받아야 하는 죄인도 있을 것입니다. 사람에 따라 엄격한 처벌을 내려야 하는 경우도 있고, 유한 처벌을 내려야 하는 경우도 있을 것입니다. 엄격함에 비중을 두어야 할 경우라도, 끓어오르는 분노에서가 아니라 자애심에서 처벌을 내려야 할 것입니다. 왜냐하면 가혹한 처벌이라도 그 목적은 그 자를 지옥 불에서 구원하기 위함이기 때문입니다. 좋은 부모는 아이들이 잘못을 저지르면 매를 들어 벌하면서도 결국엔 자신의 후계자로 삼고 싶어 하듯이, 신도들 간의 규율을 지켜주는 것은 우리가 마땅히 해야 할 일입니다. 그러므로 항상 자애심이 있어야 할 것입니다. 그러면 그 마음이 처벌의 방법을 알려 줄 것이며, 이성적 규범을 넘어서는 행위를 하지 않도록 그대의 마음을 다스려 줄 것입니다. 교회에서 훔친 물건들을 제자리에 되돌려 놓아야 한다는 추가 조항을 마련할 수는 있을 것입니다. 그러나 주님께서는 교회가 그런 세속적인 물건들에서 이익을 얻는 것을 금하고 계십니다. 지상의 물건들을 잃어버리거나 혹은 얻고자 구하는 모습은 허영심에서 발로한 것이기 때문입니다.

위반행위의 동기에 따라 처벌을 내린다고 해서 무분별한 정의의 실현이라는 혹평을 받진 않을 것이다. 또한 직원들이 가까운 곳에서 근무해서 서로를 잘 아는 상황이라면 이것은 규율 수단으로서 훨씬 더 효과적인 방법일 수도 있다. 명심해야 할 점은 범죄행위가 무엇이든 처벌이 어떻든 간에 절대로 보복 행위라는 인상을 남기지 말라는 것이다. 만약 자신과 관련된 인신 공격형 위법 행위가 발생했다면, 냉정을 되찾고 상황을 이성적으로 바라볼 수 있을 때까지 기다리든가, 아니면 제3자에게 관련자에 대한 징계 처분을 맡겨라. 통제력을 잃은 당신의 모습은 상황에 대한 정당화가 가능할 때조차 직원들과 주변 인력들에게 부정적인 영향을 끼치기 마련이다.

사업 동료 **다루기**

성아우구스티누스의 7번째 질문:

프랑스와 영국의 주교들을 어떻게 다루어야 합니까?

교황 그레고리의 답변:

가톨릭 교황청에서는 그대에게 프랑스 주교들에 대한 권한을 부여하지 않았습니다. 아를 주교가 주재지에서 갖고 있는 권위를 우리가 박탈해서는 안 되기 때문입니다. 그대가 프랑스 지역으로 파송될 경우, 아를 주교와 협력하여 문제의 해결책을 찾아내고, 그곳 주교들의 잘못이 있다면 함께 교정해 나가야 할 것입니다. 만약 그가 교회의 규율을 준수하는 측면에서 미온적이라면, 그대의 열정으로 개선해 나가야 할 것입니다. 비록 그대의 독자적인 권한으로 프랑스 주교를 심판할 수는 없지만, 설득과 회유, 타의 모범이 되는 선행을 몸소 실천함으로써 그들의 사악한 마음이 신성을 따르도록 개심시킬 수 있을 것입니다. 그러나 영국의 모든 주교들에 대한 관리는 그대에게 맡기니 배우지 못한 자는 가르쳐야 하고, 나약한 자는 설득하여 굳세게 해주어야 할 것이며, 도리를 벗어난 자는 권위로써 바로잡아 주어야 할 것입니다.

이것은 당신과 같은 회사의 다른 지사들 또는 타 회사에서 당신과 동등한 지위에 있는 사람들을 대할 때 요긴한 조언이다. 특별히 지시 받은 경우가 아니라면 권위를 내세우려 하지 말라. 문제가 발생했을 때 권력이 아니라 선례에 따라 통제하는 것이 훨씬 더 효율적이다. 이로써 당신은 더 많은 것을 얻을 수 있을 것이고, 프로젝트가 완료되었을 때 동료들로부터 훨씬 더 큰 존경을 받게 될 것이다.

상사 다루기

위의 편지를 보낸 후, 같은 해 교황은 성 아우구스티누스에게 세 번째 편지를 발송했다. 아우구스티누스가 많은 기적을 이루어냈다는 보고서가 로마에 도착한 후에 보낸 서신임이 분명하다.

나의 가장 사랑스런 교우여, 전능하신 하느님께서 그 분을 향한 그대의 사랑에 탄복하셔서 교우로 하여금 많은 기적을 행하게 하셨다는 것을 저는 알고 있습니다. 그러므로 교우는 그 천상의 선물에 기뻐하되, 한편으론 주님에 대한 경외심으로 두려워해야 합니다. 영국민의 영혼이 외적인 기적 현상들을 통해 내적 은총으로 이끌렸음에 교우도 기쁘실 것입니다. 그러나 교우는 그런 경이로운 현상 속에서 부풀어진 자만심과 내적인 허영심의 희생자로 전락하는 것을 경계하십시오. 우리는 그리스도의 사도들이 선교 후 기쁨을 안고 돌아왔을 때, 하늘의 지배자께 드렸던 다음의 말씀을 상기해야 합니다. '주여, 주의 이름이면 귀신들도 우리에게 항복하나이다.(누가복음 10장 17절)' 그들은 곧 이런 응답을 들었습니다. '귀신들이 너희에게 항복하는 것으로 기뻐하지 말고 너희 이름이 하늘에 기록된 것으로 기뻐하라.(누가 10장 20절)' 선택받은 자들이 모두 기적을 행하는 것은 아니나, 그들의 이름은 전부 하늘에 새겨지기 때문입니다.

그러므로 나의 가장 소중한 교우여, 신께서 일하셔서 그대가 행하게 된 외적 행위들 속에서 항상 스스로를 엄격히 심판하십시오. 그리고 기적 행위와 관련해 교우가 어떤 능력을 받았고 또는 장차 받든 간에, 교우는 그것을 그대에게 주신 선물이 아니라, 그대가 책임지고 구제해야 하는 이들에게 주신 선물로 받아들여야 할 것입니다.

상기 인용문의 요지는 겸손이다. 당신이 이룬 업적들을 자랑스러워하면서도 회사의 영예로 돌린다면 상사들에게 보다 강한 인상을 심어줄 수 있을 것이다. 회장은 결국 그 사실을 알게 될 것이고, 상사들이 예리하다면 당신은 곧 인정받게 될 것이다.

할데가르트 폰 빙엔은 분명 역사적으로 특이한 인물이었다. 여성을 바라보는 대중의 시선이 너그럽지 않던 시대에 은둔 수녀였던 그녀는 혹독한 비판이 담긴 신비스런 지혜를 전 세계 막강한 권력자들에게 자유롭게 나누어주었다.

할데가르트는 어린 시절부터 지속적인 병마에 시달리면서 강력한 예지력과 종교적 황홀경에 관한 기이한 환상들을 체험했던 터라, 그녀의 부모님은 일찌감치 그녀를 수도원에 맡기기로 결정했다. 가혹했던 12세기의 유럽에서 딸을 가장 안전하게 보호하기 위한 방법이었다. 여덟 살이라는 어린 나이에 그녀는 고향인 독일 빙엔에서 그리 멀지 않은 성 디지보트 수녀원으로 보내졌다.

70년 넘게 그녀는 자신의 지적 능력을 개발하면서 음악과 의약, 박물학 및 종교 철학에 대한 연구의 폭을 넓히는 데 활용했다.

역사적으로 힐데가르트는 우리가 현재 화음이라고 부르는 다성 음악의 창안자이다. 의약과 약초에 대한 연구 분야에서는 홉을 보존제로 맥주에 첨가하는 업적을 남겼다. 그러나 본서에서 다루려는 것은 그녀가 전 세계 명사들과 주고받은 수많은 서신들이다.

예지력이 있는 신비주의자라는 그녀의 명성은 유럽 전역의 교황 4명과 황제 3명, 다수의 대주교, 주교, 평신도들의 주목을 받았다. 그들은 자신의 조직이나 아래 사람들을 어떻게 관리해야 하는지 또는 정치적이거나 종교적인 적들은 어떻게 다루어야 할지에 대해 조언을 구하는 편지를 써서 그녀에게 보냈다. 그녀의 명성은 너무도 높아서 말년에는 4차례의 순회강연까지 했는데, 중세 초에 특히 몸이 약한 고령의 여인으로서는 상상하기조차 힘든 일이었다.

신비주의자였던 힐데가르트는 설교와 편지에서 낯선 우화들과 비현실적인 이미지들을 자주 이용하면서 자신의 소견을 표현했다. 아래의 내용들은 그녀가 보낸 몇 편의 편지에서 고른 짧은 인용문들로 본서의 주제별 제목과 잘 부합되도록 편집하고 재구성하였다.

상사 **다루기**

오, 관대한 분이시여, 저는 인간의 삶에 존재하는 다양한 요소들과 미래의 사건들에 대해 예언하는 일에 미숙하답니다. 그저 가련하고 보잘것없는 무지한 여성이기에 진정한 직감력으로 터득한 것들만 알 뿐입니다.

그녀의 가장 현명하고도 일관된 책략이 엿보이는 부분이다. 그녀는 편지의 수취인을 가혹하게 비난할 작정이지만, 스스로를 무가치하고 하찮은 존재로 격하하는 것으로 글을 시작한다. 그녀의 조언을 거부하더라도 편지를 받는 사람은 심하게 화를 낼 수는 없을 것이다. 이미 그녀는 자신의 무지함을 스스로 밝혔기 때문이다. 반면 조언이 받아들여진다면, 그녀는 스스로 보여준 겸허함으로 더욱 더 큰 존경을 받게 될 것이다. 적극적인 자기선전의 시대인 현대와는 다소 어울리지 않는 기법일 수도 있겠지만, 당시에는 매우 영리한 처신이었던 게 분명하다.

효율적인 **관리자 되기**

오. 이 얼마나 부도덕하고 악의적인 노릇인가요. 인간이 주님을 위하여 또는 인류를 위하여 올바른 삶을 살고자 애쓰지 않고 일하지 않으면서 명예를 구하고, 절제하지 않으면서 영원한 보답을 바라다니요.

성공하려면 항상 대가를 치러야 한다. 그리고 그 대가에 힘든 노력과 희생이 뒤따라야 함은 당연하다.

　저속한 탐욕의 길에서 스스로를 해방시키시어 이미 가진 것 이상으로 부를 축적하지 마십시오. 탐욕을 추구하는 자는 항상 가난하고 빈곤하지요. 그들은 가진 것에 만족하는, 마음이 가난한 자가 느끼는 기쁨을 얻을 수 없기 때문입니다. 탐하는 마음을 지푸라기처럼 흩어 버리고 발로 짓밟으세요. 왜냐하면 탐욕은 좀 벌레가 옷을 갉아먹듯 모든 고결한 기준들을 무너뜨리기 때문입니다.

　일 자체를 잘 하겠다는 목적으로 업무에 임해야지 금전적인 이익에만 집착하면서 일을 해서는 안 된다. 일하는 핵심 동기가 탐욕이라면, 돈을 아무리 많이 벌어도 당신은 절대로 행복해 질 수 없을 것이다.

　신의 없는 자들과 중상자들이 내뱉는 사악한 언어의 창은 위험한 바람처럼 돌연히 날아와서 인간의 심장을 파고듭니다. 비록 그런 요인들로부터 위험과 어려움이 닥치더라도 그는 자제심을 잃지 않으리니, 신께서 그를 지켜보고 계시기 때문입니다.

　자기 계발에 힘쓰고 아울러 자신의 지위를 높이려고 애쓰는 자는 남의 성공을 시기하는 게으른 자들의 표적이 될 것이다. 그런 사람들의 시기와 중상에 괴로워하지 말라.

당신을 괴롭히는 것들을 두려워하지 말고 맡은 바 의무를 행하십시오. 그리하여 자진해서 당신에게 달려오는 양들을 모으고, 그렇지 않은 양들은 스스로 소리 높여 당신을 부르며 찾아 올 때까지 자비롭게 인내하십시오.

바로 위의 논점과 동일하다. 하찮은 사람들이 아무리 당신을 시샘해도 뛰어난 업적은 눈에 띄기 마련이고, 그러면 추종자들은 저절로 당신에게 온다는 것이다. 일을 더욱 잘해낼 수록 더 많은 사람들이 당신의 능력을 알아볼 것이다. 다만 다른 사람들의 시기를 받는 경우, 그렇지 않은 경우보다 시간이 더 걸릴 뿐이다.

오, 이 세상 난파 속에서 노를 젓는 그대여, 왜 스스로 몽매함에 빠져들어 고약한 죄악의 크나큰 위험이 부르는 나약함이 그대를 소진시키도록 방치하십니까? 이 세상은 부정의 시대로 접어들었기에, 누구든 자신을 그 같은 위험으로부터 굳건히 지켜야 합니다. 그러니 일어서서 육체적 욕정의 야만스런 창들과 악마가 뱉는 침에 맞서 자신을 무장하십시오.

아들이 자신에게 불명예가 되면 때로는 아버지가 아들에게서 떨어져 있듯, 당신은 권위의 지팡이를 내던지지 말고 손에 쥐고 있어야 합니다. 아들은 비틀거리다 다시 아버지를 부르며 용서를 구할 것입니다.

이것이 지금 당신께서 처하신 상황입니다. 아드님들은 당신의 주변 분들의 말을 듣고 당황할 것입니다. 그분들은 '너희들이 훌륭하고 정직한 분을 윗분으로 모시기를 거부했구나.'라고 꾸짖겠지요. 이에 아드님들은 난감해하며 겸손해져, 자신들의 가슴을 치면서 다시 당신을 찾을 것입니다. 그러면 당신은 아드님들을 통제하기가 전보다 한결 수월할 것입니다.

다수의 사람들과 다양한 상황들이 당신을 무너뜨리려고 아무리 모함해도 지속적으로 일을 추진하면서 목표를 시야에서 놓치지 말라. 당신을 돕던 사람들이 등을 돌리더라도 자기 자신에 대한 신념을 잃어선 안 된다. 당신의 가치를 스스로 입증한다면, 결국 사람들은 당신을 존경하게 될 것이다.

양들이 당신의 말을 듣는다면 더할 나위 없이 좋을 것입니다. 그러나 양들이 말을 듣지 않는다면, 그 직책에서 물러나서 당신의 진정한 재능을 발휘할 수 있는 곳을 찾아가야 합니다. 형제들의 지도자 역할을 잘해낼 수 없다면 그들처럼 이끌림을 받는 편이 더 나을 것이기 때문입니다.

모든 사람이 관리자나 지도자로서의 천성을 타고나는 것은 아니다. 만약 최선을 다했지만 관리직을 잘해낼 수 없다면, 그 자리를 내놓고 평사원의 지위로 돌아가라. 나쁜 관리자가 되는 것보다 유능하고 생산적인 근로자가 되는 것이 더 이롭고 보람된 일이다.

왜 양떼를 돌보는 일에 지친 듯 잠들어 계십니까? 양떼들을 모아서 세심하게 돌보십시오. 그리하여 그들의 재능을 간과해서 손해 보는 일이 없도록 하세요. 당신이 하셔야 할 의무를 내던지는 것은 이로운 일이 아닙니다. 그러나 만약 아래 사람들에게 생기라곤 찾아 볼 수 없고 축 처진 모습뿐이라면, 지금의 직책을 던져버리고 떠나십시오.

사람들을 관리하는 것은 당신을 지치게 하는 일일 수 있다. 당신은 상사로서 근로자들의 질서를 잡아 주어야 할 뿐만 아니라 지속적으로 뛰어난 인물들을 발굴해야 한다. 유능한 직원을 발견하면 그의 재능을 키워주고 승진시켜라. 아니면 그를 발전적으로 이끌어 줄 수 있는 상사들의 주목을 받도록 도와주어라. 두 가지 중 어느 것도 못하겠다면, 당신은 경영진에서 물러나야 한다.

중간 경영진 **다루기**

당신은 마치 길 위에 홀로 서 있는 받침대 없는 기둥과 같아서 진흙이 온통 튀어 당신의 몸을 더럽힐 것입니다. 당신은 너무 관대하십니다. 그러니 인류의 사악하고 검은 행동들을 꾸짖기에 필요한 예리하고 비판적인 눈을 갖고 있지 않으시군요. 영혼이 방황하지 않도록 단단히 지키세요. 성실하게 옳은 길로 가면서 고난을 참고 견디세요.

그리고 전력을 다해 양들의 기강을 바로 잡으세요.

　여기서 힐데가르트가 말하는 바는 지속적으로 세심한 주의를 기울이면서 당신의 인력을 잘 다스려야 한다는 것이다. 허술하게 관리하여 그들이 당신의 손길을 벗어나 감당할 수 없게 되면 그 결과는 필연적으로 당신에게 되돌아오기 마련이다. 당신이 관리자인 이상 아랫사람들의 행동은 궁극적으로는 당신 책임이다.

　최고 심판자이신 주님은 압제적이고 무례한 폭군들을 뿌리 뽑아 당신의 주변에 남겨 두지 말라고 명령하십니다. 그래야만 저들이 당신의 동료들 틈에 끼여 있으면서 장차 당신에게 치욕을 가져오지 않을 것이기 때문입니다.

　바로 위의 내용과 유사한데, 당신의 경영진들이 근로자들을 나쁘게 대우하도록 내버려두면, 그들의 행동은 곧장 당신의 불명예로 이어질 것이다.

　주님께선 모든 일을 알고 계시는 분이셔서 목사의 보살핌이 어디서 필요할지를 알고 계십니다. 그러니 어떤 신앙인도 성직을 스스로 간청해서는 안 됩니다. 누군가 광적일 정도로 성직을 받고자 갖은 애를 쓴다면, 그 자는 신의 뜻보다는 권력의 즐거움을 쫓는 탐욕스러운 늑대입니다.

아첨꾼들이나 자신의 능력을 과시하는 자들에게 지나친 관심을 갖지 말라. 그들은 스스로를 선전하려는 것이다. 만약 특정 업무에 뛰어난 자라면 그의 화려한 과거 실적을 통해서 당신도 이미 그의 능력을 알게 되었을 것이다.

겸손함을 잃고 헛된 명예를 좇는 자들은 자신들이 다른 사람들보다 우월하다고 믿는 자들이기 때문에 그들에게 적합한 곳으로 보내야 합니다. 병든 양들을 우리에서 내보내야만 양들 전체가 감염되는 사태를 막을 수 있습니다.

진정한 실력자들과 말뿐인 허풍쟁이들을 구별할 수 있어야 한다. 후자를 조심하라. 자신이 우수하다고 끊임없이 떠들어대는 자들은 실제로는 위험하고 무능력한 자들일 가능성이 높으니 제거하라.

당신은 종종 혼잣말을 하십니다. '난 아랫사람들을 다스릴 수 있을 만큼 강하지 않아. 저들을 엄하게 훈계하면 나를 성가신 사람으로 여기겠지. 오, 이런 저런 말을 하지 않고도 저들과 친분을 쌓을 수 있다면 좋으련만!' 그러나 이런 한탄조의 말과 행동은 당신께 아무런 도움도 되지 않습니다. 그러면 당신은 어떻게 하셔야 하는 걸까요? 무엇보다도 직책을 과시하는 두려운 말들로 저들을 겁먹게 해서도 안 되고, 내리치는 곤봉 같은 위험한 언어를 사용해서도 안 됩니다. 차라리 연민이 담긴 온화한 정의의 언어가 나을 것입니다. 그러면 저들은 확실히 당신의 말을 들을 것입니다.

가장 오래된 경영 문제 중 하나가 어떻게 하면 훌륭한 지도자가 되는 동시에 당신이 관리하는 사람들과도 친하게 지내는가이다. 그 해답은 '당신이 직원들을 정당하고 공정하게 다루면 그들은 당신을 존경할 것이다.' 이다. 그리고 친분의 토대로서 존경심보다 더 효과적인 것은 없다.

그릇된 죄악을 범하면서 선두에 서게 된 교활한 기회주의자들과 사악한 배신자들, 악마의 부정을 저지르고 사방에 흩어져 있는 자들, 크나큰 악행을 도모해 자신보다 높은 자들을 악의적으로 치는 자들을 징벌하고 바로 잡으십시오.

어떤 상황에서도 아랫사람들은 당신의 권위를 손상시켜서는 안 된다. 그런 자들은 즉시 해고해야 한다.

직원들 **다루기**

작은 정원은 적당한 정도의 관심으로 보살펴야지 혹사시켜서는 안 됩니다. 당신의 과도한 쟁기질에 지쳐서 약초들이 힘과 향기를 잃고 씨를 맺지 못하는 일이 발생하지 않도록 조심해야 합니다.

당신 자신은 물론이고 어느 누구도 혹사시켜서는 안 된다. 지친 사람은 일을 잘해낼 수 없다.

당신의 양이 적합한 길로 가는 것을 막지 마십시오. 이 말은 무슨 뜻일까요? 힘겨운 여정을 감당할 수 없는 자에게는 가벼운 짐을 지어 주어야 한다는 것입니다. 그러니 그가 능히 해낼 수 있는 일을 맡기십시오.

사람들의 개별적인 강점 및 약점들을 파악하라. 그들이 갖고 있는 능력을 충분히 이용하되, 역량이 안 되는 일을 잘 해내리라고 기대하지 말라. 그래야만 양쪽 모두 더욱 만족스럽고 생산적이 될 수 있다.

다수의 노동자들이 자신들의 사례를 당신에게 호소하면서 직접적이고 정확한 해결책을 구합니다. 그러나 당신은 주관적인 핵심만을 고집하며 미사어구로 치장한 알맹이 없는 말들만 쏟아 내면서 그들을 화나게 만들어 쫓아내시는군요.

쓸데없는 수다와 기교뿐인 허튼 소리만 끊임없이 지껄이면서 남의 시간을 낭비하지 말라. 핵심을 찾아 명료하고 간결하게 설명했으면 더 이상 말을 보탤 필요가 없다.

당신께선 부귀와 탐욕, 그 밖의 허황된 것들을 추구하다가 권태감에 빠져들어 하급자들을 제대로 교육하지도 않을뿐더러, 그들이 당신의 지시를 요청하는 것조차 허락하지 않습니다. 저들에게 법규범을 숙지시키고 규제하셔서, 누구든 유약한 마음에서 원하는 대로 하지 못하게 단속해야 합니다. 그러나 당신의 관리가 부족하니, 저들은 재처럼 흩어져서 자신들이 바라는 것은 무엇이든 하고 있습니다.

당신께서 '나는 저들에 대한 통제권이 없다.'라고 말씀하신다면 잘못 생각하고 있는 것입니다. 왜냐하면 당신이 하급자들에게 적절하게 징벌을 내리면 저들은 감히 진실에 저항하지 못할 것이기 때문입니다.

당신이 아랫사람들을 가혹한 처우나 태만함, 또는 잔인한 처사 등으로 소외시켰다면 그들이 당신에게 복종하지 않는 것에 대해서 다른 사람이 아닌 바로 당신 자신을 탓해야 할 것이다.

하급자들은 더 이상 주님에 대한 경외심으로 통제되지 않고, 광기는 그들을 산꼭대기로 몰아 상급자들에게 맹렬한 비난을 가하도록 할 것입니다. 그들은 눈이 멀어 자신들의 악행을 보지 못하고 이렇게 말합니다. '난 유능하니까 당연히 더욱 인정을 받아야 해.' 그들은 자신들보다 우월한 자들에 대한 열등감을 참지 못하는 족속들이여서 상관들이 하는 건 무엇이든 사사건건 시비를 거는 겁니다. 그런 하급자들은 검은 구름과 같은 존재입니다. 아무런 가치도 없다면서 들판에 있는 어린 묘목들을 흩어버리는 자들이 바로 그들입니다. 다른 사람의 깨끗한 옷을 부러워하면서 자신의 누더기 옷에 묻은 검댕은 지우지 않는 천한 자들은 어리석은 무리들입니다.

천성적으로 게으르고 변덕스러운 사람들이 있다. 그들은 일이 수월한 구석진 자리를 원하면서도 한편으론 터무니없는 큰 보수를 기대한다. 그런 자들은 진정으로 그 일을 원하는 자들이 아니며, 자신은 물론이고 주변 사람들에게까지 위험한 존재이다. 그들은 불평분자들이므로 즉시 해고해야 한다.

사업 동료 **다루기**

오, 자신의 삶은 바로 잡지 않으면서 남들의 사생활이나 파고들어 그 안에 숨겨진 악행들을 급류 같이 쏟아내며 방방곡곡 떠들고 다니니 이 얼마나 어리석습니까. 왜 당신은 먼저 자신의 마음을 돌아보고 뻔뻔스러운 음탕함을 거부하지 않으십니까?

다른 사람의 결점이나 단점에 대해 계속 떠벌리면서 자신의 단점은 감추는 자들을 경계하라. 이런 사람들은 당신의 친구가 아니며 어느 누구의 친구도 될 수 없다.

당신이 친구로 생각하는 그는 무지한 어린애 같아서 자신의 어리석은 영혼에 지치고야 맙니다. 어느 순간엔 당신의 충고에 귀를 기울였다가도, 다음 순간에는 듣지 않으려 하지요. 그러니 그에게 훈계와 질책을 아끼지 마세요.

때로는 친구의 행동을 비판하는 것도 당신이 해야 할 일이다. 당신이 아끼는 사람이 어리석은 행동을 하도록 내버려 두는 것은 그를 돕는 게 아니다. 진정한 친구라면 때로는 따끔하게 잘못을 지적할 줄 알아야 한다. 그는 당신에게 화를 낼지도 모르지만, 그가 당신의 진정한 친구라면 진심으로 자신을 도우려는 당신의 마음을 알아줄 것이다.

경쟁자 **다루기**

도덕적으로 건전하지 못한 일들을 이따금 떠올리거나, 때로는 그런 것들을 갈망하거나, 때로는 실제로 행함으로써 추악한 품행이 나쁜 습관으로 자리 잡지 않도록 조심하세요. 그런 그릇된 행실들은 인간을 영적 순결로 이끄는 것이 아니라 방탕한 상처로 얼룩지게 합니다. 당신의 종말이 언제 올지 모르니 그런 악행을 멀리하세요.

불결하고 불안정한 길에 당신을 길들이지 말고, 당신의 행동으로 저들을 기쁘게 하려고 고심하지 마세요. 그러면 당신은 주님과 사람들의 눈에 스스로를 저속하게 끌어내리는 것처럼 보일 것입니다. 그런 태도는 당신의 직책과 어울리지 않습니다.

위의 두 인용문이 전달하는 핵심은 동일하다. 비열한 경쟁자의 수준으로 당신을 격하시키지 말라는 것이다. 돼지들과 함께 뒹굴면 몸에 오물이 묻기 마련이고, 그것은 당신이 원하는 명성과 거리가 멀다.

경영자와 거상들로부터
배우는 부의 수업

· 헨리 J. 하인즈, 헬레나 루빈스타인, 릴리안 버넌 ·

헨리 J. 하인즈 H. J. HEINZ :07

미국의 사업가이자 식품가공업자, 1844 - 1919

펜실베이니아 주 피츠버그에서 독일계의 근면한 부모님의 자녀로 태어난 헨리 J. 하인즈는 타고난 판매원이자 기업인이며 사업가였다. 12살의 나이에 어머니가 집 앞 채소밭에서 재배한 서양 고추냉이와 기타 농산물들을 행상하기 시작했다. 이듬해 자신의 소유였던 3.5에이커 크기의 밭에서 직접 야채를 재배하고 거기서 얻은 수익으로 막 시작한 사업을 확장하기 위해 말과 수레를 구입했다. 몇 년 후 그의 회사 제품군은 오이 피클, 잼, 젤리, 셀러리 소스, 소금에 절인 양배추, 식초와 토마토케첩으로 다양해졌다.

1875년에 대풍작으로 농작물 가격이 폭락해 그의 회사는 파산했다. 비록 1년 이내에 재기하긴 했지만, 스스로 '도덕적 의무' 라고 여겼던 빚을 청산하는 데 십 년이나 걸렸다.

형편없는 공장 근무 여건이 당연한 사업 관행이던 시대에 하인즈는 사업체의 성장과 더불어 근로자들을 선진적으로 대했던 이례적인 인물이었다. 그는 중간 경영진과 근로자들에게 좋은 대우를 해줌으로써 사기를 진작시켰다. 하인즈의 박애정신은 깊은 기독교 신앙심과 1877년과 1892년 피츠버그의 끔찍했던 노동 폭동을 목격하면서 형성된 것이었다. 당시의 폭동은 앤드류 카네기와 헨리 클레이 프릭 같은 탐욕스런 실업계 거물들이 실시한 가혹한 정책들에 의해 야기된 당연한 결과였다.

1888년에 회사의 핵심 공장을 재건하면서 그는 직원들에게 식당과 탈의실, 옥내 변기, 응급 병원, 옥상 정원을 제공했고, 차후에 옥내 수영장과 체육관, 회의실, 교실을 추가로 설치해 주었으며, 실용적이고 문화적인 다양한 주제로 무료 강좌도 개설해 주었다. 그가 사망한 후 한참이 지나서 대공황이 전 세계를 휩쓸던 1930년대까지 하인즈의 공장에서는 일체의 노동 쟁의나 노동조합이 없었다.

하인즈의 사업이 성장하면서 중상자들은 그를 선전 갈망자라고 종종 비방했다. 사실이든 사실이 아니든 간에, 그는 역사상 가장 혁신적인 자기 선전가 중 한 명이었다. 그는 소비자들이 신제품을 구매하기 전에 먼저 써봐야 한다는 믿음에서 무료 샘플을 만들어 민첩하게 배포했고, 구입한 제품에 불만이 있는 소비자에게 전액 환불 제도를 가장 먼저 보장해준 제조업자들 중 하나였다.

1893년에는 세계에서 가장 오랫동안 지속된 광고 캠페인 중 하나를 시작했는데, 이때 '하인즈'란 회사명과 연초록색 오이가 그려진 쐐기돌 모양의 방패 문양이 맨 처음 등장했다. 회사를 대표하는 이 새로운 상표는 뉴욕시 최초의 전광판을 비롯해서 각 제품과 회사 광고판, 도처의 표지판들에 일제히 실렸다. 같은 해 시카고에서 열린 세계 콜롬비아 박람회에서 작은 연초록색 오이에 '57가지 각양각색' 이라는 문구가 찍힌 '피클 핀'이 소개되었다. 그 후 110년 이상 동안 억 개 이상의 피클 핀이 배포되면서 역사적으로 가장 널리 퍼져나간 광고물이라는 기록을 세웠다.

또한 하인즈는 국제 시장의 중요성을 간파한 최초의 미국인 중 하나였다. 1990년까지 유럽 및 남아메리카, 호주, 동아시아 국가들, 심지어 아프리카에까지 하인즈 판매원들이 파견되어 있었다. 영국에 설립한 공장은 1905년에 처음 문을 연 후 하인즈가 사망한 1919년까지 수익을 내지 못했다. 그러나 사업적 확장의 필요성에 대한 그의 신념은 단 한 번도 흔들린 적이 없었다.

1898년 하인즈는 피츠버그 공장을 당일 견학 할 수 있도록 개방했는데, 그 목적은 자사 제품이 완벽한 제조 과정을 통해 생산되고 있다는 대중적 인식을 확산시키기 위해서였다. 자동화 공정이 마침내 수작업의 낭만적 매력을 박탈했던 1970년대까지 견학은 계속되었다.

하인즈가 1919년 사망했을 때 한 장기 근속자는 이렇게 말했다. '그는 우리 모두의 아버지였습니다. 우리를 남자답게 성장시켜 주었고, 친절하고 신사다운 정신으로 이끌어 주셨습니다.' 일평생을 바쳐 그는 식품 산업과 미국의 식습관 및 광고의 개념을 혁신시켰다.

아래의 인용문은 주로 하인즈의 일기에서 발췌한 것으로 경영 전략에 대한 개인적인 통찰력과 한 위대한 실업가의 신념이 담겨 있다. 본서의 주제별 제목 하에 원문을 편집하고 재구성하였다.

자기 사업 **시작하기**

은행 사장과 출납원은 이렇게 말했다. '지금 하고 있는 일의 의미를 우리가 알고 있는지의 여부는 시간이 알려줄 겁니다.' 그것은 내가 이제껏 들었던 말 중 가장 단순하면서도 명백한 말이었다.

사업을 시작하는 사람들에게 은행원들은 가장 훌륭한 조언자들이다. 그들은 다양한 사업의 흥망성쇠를 목격했으며, 가장 보수적이고 타당한 견해를 지향해야 하는 입장에 있다. 그들의 쓴 소리가 기분 좋게 들리진 않더라도, 당신의 주관적인 열정을 조절해 줄 수 있는 현실적인 평형추 역할을 해줄 것이다.

효율적인 **관리자 되기**

오늘도 하루 종일 일했다. 나에겐 다른 선택의 여지가 없는 것 같다. 나는 매사에 전력을 다하는데 그 점이 나를 너무 지치게 하기도 한다. 일정이 늦어져서 업무에 쫓긴다는 건 도저히 참을 수 없는 일이다.

성공적인 관리자는, 특히 자신의 사업을 경영한다면, 거의 매일 '일중독'에 빠져있다.

내가 없는 동안 쌓인 일들을 처리하느라 열심히 일하고 있는 중이다. 10년 전 하루 17시간씩 일주일 연속으로 머리를 쓰면서 일하던 시절처럼 장시간 많은 일을 해낼 수 있다면 얼마나 좋을까……. 지금은 고작 10시간을 버틴다.

강박증에 사로잡혀 일하는 것은 마치 양날의 칼과 같아서 최고의 자리를 고수하기 위한 유일한 길이면서, 결과적으로 자신에게 큰 타격을 가할 수도 있다.

당신은 사무실을 벗어나 밖으로 나가야 한다. 그래야 장차 더욱 건강해지고, 부서에서 더 큰 실적을 쌓게 될 것이며, 여행 기회도 갖게 되고, 눈에 쳐진 거미줄도 걷어낼 수 있을 것이다. 서류 업무를 당신 대신 처리해 줄 사람을 찾아라.

이것은 매우 귀중한 교훈이다. 강박증을 갖고 일하는 다수의 직장인들이 그랬듯, 하인즈도 재충전의 절대적인 필요성을 깨닫는데 오랜 시간이 걸렸던 것 같다. 사람은 지치면 최고의 작업성과를 낼 수 없다. 성공적이고 생산적인 관리를 하려면 반드시 '휴식'이 필요하다.

임원 회의에서 너무 나서지 않도록 주의해야 한다. 동료들에게 발언할 기회를 주고 다수결로 결정하라.

임원들이나 고문들은 무엇보다도 당신의 안내자 역할을 하기 위해서 그 자리에 있는 사람들이다. 그들의 의견을 잘 듣고, 조언을 검토하고, 때로는 그들이 최종적인 결정을 내리게 하라.

중간 경영진 **다루기**

나는 최대한 신속하게 다른 직원들에게 책임을 위임하려고 노력 중이다. 이것은 사업의 성공을 위해 필요한 작업인 동시에 내가 직접 할 경우 들여야 하는 수고를 덜어 주면서 이익을 가져오는 일이기도 하다. 일단 적임자들을 선발하여 훈련시키면 도움이 되긴 하지만, 내가 직접 했던 일을 다른 직원들에게 시켜보면 세네 명 정도의 인력이 필요하다는 것을 발견하게 된다.

업무 위임은 관리자들이 힘들어 하는 일이긴 해도 대기업이나 확장 중인 사업체에서는 반드시 필요한 작업이다. 당신이 과거에 직접 했던 업무들을 전부 처리하려면 여러 명이 필요하더라도 놀라지 말라. 이는 업무를 위임받은 사람들이 당신과 같은 열정으로 그 일에 빠져들지 않기 때문이기도 하고, 그 업무 자체가 점점 더 복잡해지고 늘어나기 때문이기도 하다.

결국 그것이 당신이 그 업무에 더 많은 인력을 투입해야 하는 이유이다.

내 오랜 경험을 반추해 보면, 항상 나의 사업 원칙은 그 목적에 맞게 지명된 사람들에게 업무를 위임하는 것이었다.

일단 누군가에게 특정한 업무를 맡겼으면, 그를 세심하게 감독하되 부서에서 그가 갖는 권한에 간섭하지 말라.

나는 내 자식들보다 앞서고 싶다. 무엇이든 내가 할 수 있는 일을 내 아들들이 나보다 먼저 하는 걸 원치 않는다.

하인즈와 같은 회사에서 일했던 친아들들에 대한 얘기지만, 당신의 경영진에게도 똑같은 사실을 적용할 수 있다. 당신은 당신의 경영진보다 한 발 앞서 나가서 그들을 이끌어야 한다. 그들에게 끌려 다녀서는 안 된다.

판매사원들에게 식초를 홍보하는 방법을 교육시키느라 바쁘다. 담당자는 그들에게 판매에 대한 열정을 불어 넣지 못한다.
나는 오늘 다섯 시간에 걸쳐 판매사원들을 훈련시켰다. 먼저 그들의 주의를 집중시킨 후에 이런 저런 것들까지. 이 일로 나는 녹초가 되었다.

위의 두 인용문은 때로는 오직 최고 경영자만이 업무의 취지를 제대로 파악하고 팀을 격려할 수 있음을 보여준다. 기억하라. 당신을 최고 경영자로 만드는 것은 열정과 지식과 통찰력이다.

오늘 밤 사무실 사환들과 판매원들을 모두 집으로 초대해서 저녁 식사를 대접했다. 우리는 모두 즐거운 시간을 보내면서 많은 것을 알게 되었고, 매우 흥겨웠다.

직원들을 성공적으로 관리하려면, 그들과의 개인적인 접촉이 절대적으로 중요하다. 직원들로 하여금 당신이 그들에게 마음을 쓰고 있다는 것을 느끼게 하라.

오늘은 매우 불쾌한 일을 처리해야 했다. 세 번째로 과음을 한 제임스 반스를 해고했더니, 여러 직원들이 이러쿵저러쿵 말이 많았다. 나는 그에게 부드럽게 충고 했다. 그를 잃게 된 것은 회사의 손실이지만 규정상 그렇게 해야 한다. 규율은 준수되어야 하고, 원칙은 충족되어야 한다.

빌 더바크가 필라델피아에서 왔는데, 술을 잔뜩 마셔서 인사불성이 되어 있었다. 그를 해고했지만, 측은하다는 생각이 들어서 가필드 병원으로 보냈고, 그의 아내는 피츠버그의 자택으로 보냈다. 그는 나의 보좌관이었기 때문에 마음이 편치 않았지만, 누구든 내가 없을 때를 이용해서 일을 벌이면 나는 서슴지 않고 단호한 조처를 내린다.

위의 두 단락은 관리자로서 맡아야 하는 책무의 힘든 이면을 보여준다. 때로는 유쾌하지 않은 일을 처리해야 할 것이다. 그래도 그 일을 다른 사람에게 떠넘기고 싶다는 유혹에 굴복해서는 안 된다. 당신이 최고 경영자이기 때문에, 비록 하기 싫은 업무라도 직책상 해야 하는 업무라면 직접 처리하는 것이 하급자들로 하여금 당신에 대한 존경심을 갖게 해 줄 것이다.

직원들 **다루기**

나는 여직원들을 전원 집합시켜서 업무상 필요한 경우가 아니면 근무 시간에 잡담하는 것을 금하겠다고 말했다.

요즘의 기업 환경에 적용시키기에는 지나치게 엄격한 조처이긴 하지만 원칙을 정하는 것은 바람직한 일이다. 회사는 규정을 확립할 필요가 있으며, 적용 방식이 공정하고 합리적이라면 거부감은 일지 않을 것이다.

직원들이 즐거운 시간을 보내면서 점심시간과 저녁시간을 각자에게 유익하게 이용하는 모습을 보면, 우리 회사는 이미 투자에 대한 완전한 보상을 받은 것입니다. 직원들의 복지 또한 분명 사업의 일부임을 당신이 깨닫길 바랍니다. 그것은 '이익을 가져오고' 회사의 생산량을 증가시킵니다. 그러나 나는 이 일을 금전적인 측면에서만 평가하고 싶지는 않습니다.

1888년에 설립된 하인즈의 현대식 공장은 그의 표현을 빌자면, '편의를 제공하는 기계적 또는 과학적 장비를 완벽히 갖춘 곳'이었다. 사교적인 공손한 인사말이라든가, 효율에 대한 투자 개념은 1880년대에는 생소한 것들이었다. 위의 인용문은 직원들의 복지에 들인 거액의 투자에 대한 금전적인 보답을 받았는지를 하인즈에게 질문했을 때, 그가 한 답변의 일부이다.

　　새로운 공장으로 이전했을 때 거기서 충돌과 다툼이 일었다. 이에 여러 명의 직원들이 낙담하여 퇴사 통보를 하고 회사를 떠났다. 나는 이 일로 골치가 아프긴 했지만, 새 출발을 하고 사업을 제대로 파악하기 위해서는 매우 필요한 일인 것 같았다. 그 중에는 우리 회사에서 너무 오랫동안 일해서 이제는 쓸모가 거의 없는 직원들도 있었고, 더러는 교만해진 직원들도 있었다. 문제가 있는 직원들 몇몇을 더 해고한 후, 나는 회사가 다시 평온을 되찾고 전보다 적은 비용으로 운영되는 모습을 보게 되었다. 새로운 인력들은 더 적은 급료를 받고 일하면서도 회사에서 중요한 존재로 부각되고 싶어 더욱 열의에 차서 일했기 때문이었다. 나는 여전히 우리 회사에서 너무 오랫동안 근무한 일부 직원들을 내보내고 있는 중이다.

　　어떤 근무 환경에서든 직원들이 어느 정도 불만을 갖는 것은 불가피한 일이며, 특히 변화가 있을 경우에는 더욱 심하다. 하인즈의 직원들 중에는 공장이 이전하면서 스스로 회사를 떠난 사람들도 있고, 회사를 보다 효율적으로 운영하기 위한 필요성에서 하인즈가 직접 해고한 사람들도 있다. 수익을 내면서 원활하게 운영되는 회사를 만들기 위해서 필요한 변화를 일으키는 것은 최고 경영자의 몫이다.

이라 키멜이 일주일 전에 퇴사 통보를 하고 회사를 떠났다. 그는 자신이 다른 곳에서 더 잘 할 것이라고 믿었다. 우리는 그의 능력보다는 성격과 정직함을 더 높이 평가해서 매달 고정급으로 75달러와 추가 급여를 제공했었다. 이런 배려에 대해 그는 내게 고마워했다. 그는 새로운 일을 하기 위해 떠난 것 같다.

장기 근속자를 잃게 되면 항상 큰 스트레스를 받지만, 당신의 인력 중 누구든 자신을 더 발전시키려고 야망을 불태운다고 해서 슬퍼할 이유가 없다. 당신도 성공을 향한 여정에서 그와 똑같았을 것이기 때문이다.

경쟁자 **다루기**

우리는 '왓킨스와 키멜, 피클과 보존사업'이라고 적힌 명함을 보았다. 이라는 뭔가 새로운 사업을 벌일 줄 알았는데 그의 사업적 능력에 한계가 있다는 사실에 우리는 모두 놀랐다. 나는 그가 잘 해내길 바란다. 정상의 자리는 넓다.

바로 앞단락의 내용과 이어보면, 이라 키멜이 하인즈 회사를 떠난 지 한 주후에 자신의 사업을 시작했다는 사실을 하인즈가 알게 된 것이다. 놀랍게도 하인즈는 자신의 직원이었던 이라 카멜에 대해 적개심을 품고 있는 것 같지는 않다. 그는 자신의 제품에 대해 완벽한 확신을 갖고 있었고, 그 시장이 거대하다는 것도 알고 있었기 때문에 비통해 할 이유가 없었던 것이다.

미국 미주리 강 남부 지역에서 보존식품에 대한 신뢰를 증진시키려는 취지로 설립된 보존 식품 제조업체 위원회와 만났다. 우리는 이 협회에 가입하지 않기로 결정했다.

당신의 회사가 경쟁사들보다 우월하면, 집단적인 차원의 보호를 받을 필요가 없다. 당신의 회사보다 명성이 떨어지는 회사들과 제휴하는 것은 당신의 이미지를 손상시킬 수도 있다.

자회사 경영하기

나는 덴버에서 우리의 대리점을 방문했다. 모든 업무가 다 잘 돌아가고 있다는 것을 알 수 있었지만, 그들을 다시 깨워 새롭게 재정비할 필요가 있었다. 지금 내가 하고 있는 작업이 바로 그것이다. 역경과 효과적인 노력들이 신생 대리점을 운영하는 데 어느 정도 도움이 될 것이다.

절대로 자회사가 사장의 존재를 망각하게 해서는 안 된다. 지사 업무가 원활하게 돌아가도록 유지하려면 수시로 방문해서 개인적인 관심을 보여주는 것이 반드시 필요하다.

하인즈의 11번째 공장으로 오래된 영국 베티 공장의 시스템과 규율이 나는 매우 만족스럽다. 새로운 상표와 병을 도입하면서 생산량이 50% 증가했다. 1824년부터 그 제품들을 소개하기 시작했던 유럽 대륙에서만 통조림 방식에 베티 상표를 붙여 수출하고, 영국에서는 그간 널리 판매되던 몇몇 소스들을 주문하는 경우가 아니면 베티 상표를 붙인 제품들을 시판하지 않는다.

나는 회사에서 유일하게 영국 지점을 통해 '57가지 각양각색' 제품들을 확장하겠다는 신념을 갖고 있었다. 그 제품들을 영국에서 판매하기 위해서 수년간 밑지는 장사를 하면서 견디는 것은 힘겨운 일이었다. 그러나 10년 후 판도가 바뀌어, 우리는 지금 미국에서 들이는 평균 비용으로 사업을 효율적으로 운영하고 있는 중이다.

새로운 시장과 영역을 개척하려면 오랜 시간과 정력을 투자해야 하며 여러모로 신경을 써야한다. 특히 신규 오픈한 지사에 상주하면서 매일 매일 운영을 관리할 수 없는 경우는 더욱 더 힘이 들 것이다. 시장 개척이나 확장은 소심한 경영인에게는 적합하지 않은 일이다.

홍보

'57가지 각양각색' 이라는 아이디어가 순식간에 나를 사로잡았다. 나는 열차에서 뛰어 내려 광고 계획을 설계하기 시작했다. 한 주도 채 지나기 전에 '57가지 각양각색' 이라는 문구가 적힌 초록색 피클 문양이 신문, 광고판, 간판 등 광고가 가능한 곳이라면 어디에서든 모습을 드러내고 있다.

뉴욕시에서 고가철도를 타고 가다가 하인즈는 '21가지 스타일의 신발' 이라고 적힌 신발 광고 포스터를 보게 되었다. 당시 그는 60가지가 넘는 다양한 양념들을 만들어 판매하고 있었지만, 문득 회사 로고에 57이라는 숫자를 이용해야겠다는 아이디어를 얻었다. 재치있는 광고 기법이 거대한 성공을 불러올 수 있다는 것을 입증하는 예이다.

비록 상황이 밝지 않더라도 나는 제품 구매력이 있는 수요자들에게 다가가기 위해 기꺼이 돈을 빌릴 것이다. 나의 적극적인 광고 방식이 틀렸다면 지금쯤 온 세상이 나의 실패를 목격했을 것이다. 우리는 지금 행동해야 한다는 것이 나의 주장이다. 집을 나서기 전 이 점을 강조했지만, 광고가 실린 잡지는 단 한편도 없었다. 당신은 지금 자고 있는가? 나의 의견을 광고 부서에 전하라.

사업의 불황기나 경기 침체기에도 광고를 계속 해야만 당신의 회사를 대중의 눈에 새겨 놓을 수 있다. 경기가 좋아졌을 때 사람들이 당신의 회사를 기억하지 못한다면, 그간의 손실을 절대로 만회할 수 없을 것이다.

재정적인 **대처**

나는 어음 결제일을 맞추고 대금을 준비하느라 거의 죽을 지경이고 미칠 것만 같다. 만기가 다가오는 어음을 막지 못할까봐 두렵지만, 이제껏 법원에 이의 신청을 한 적은 없었다. 우리는 항상 제 때에 대금을 지불했고 그렇게 해서 융자 기간을 연장해 왔다.

하인즈는 파산 직전에 처한 회사를 곤경에서 구해내려고 무지 애를 썼다. 결국 그는 빚을 갚았고 체납액에 대한 소송을 막을 수 있었다.

회사를 구해 볼 방도가 없고 이제는 그저 관망해야 하는 쪽으로 사태가 진전되고 말았다. 아! 여러 친구들과 부모님까지 곤경에 빠뜨리고, 지난 십 년간 그토록 열심히 일하고도 이제 와서 모든 걸 포기해야 하다니…….

누구나 파산하면 정신적 충격을 받는다. 충격을 극복하는 비결은 포기하지 않는 것이다. 아픈 경험을 통해 배우고 계속 노력하라.

우리 회사의 자금이 동났다는 소문이 퍼지면서 파산하자, 내 주변에는 친구가 거의 없었다. 모두 나에 대한 신뢰감을 잃고 등을 돌렸고 나에게 진정한 친구는 이 세상에 단 한 명도 없는 것 같아 무척이나 슬펐다. 남자는 돈이 없으면 존재감도 없는 것이다.

개인적으로, 그리고 사회적으로 느끼는 고독감은 사업에서 실패하면 자주 겪는 부작용이다.

지금 회사가 겪고 있는 문제에 대해 너무 많이 걱정하지 않기로 마음먹었다. 그런다고 더 나아질 게 없기 때문이다. 우리가 무엇을 하든 사람들은 우리를 비난할 것이다.

내 담당 변호사 크리스티는 여러 사람의 입을 막고 나를 파산에서 구하기 위해서 드는 적정 비용으로 약 400에서 500달러 정도를 요구했다. 뒷거래로 해결하는 방법은 예나 지금이나 꽤나 유혹적이다. 나는 거절했다. 정당한 방법이 아니면 나는 절대로 받아들이지 않을 것이다.

돈으로 위기에서 벗어나는 해결책을 사지 않은 하인즈의 정직함이 그를 맹렬히 비난했던 동료들과 채권자들 및 언론 매체들로부터 존경을 되찾아 주었다.

격언과 재치 있는 **속담들**

감성적인 후기 빅토리아 시대의 선조들처럼 하인즈는 지혜로운 격언의 애호가였다. 그는 사무실 벽과 직원용 카페테리아와 작업장들을 여러 격언들로 치장했었다. 심지어 회의장의 스테인드글라스 창문에까지 격언이 새겨져 있을 정도였다. 아래에 인용된 격언들은 그중 비교적 실용적인 내용들을 선정한 것이다.

하인즈의 '8가지 중요한 착상들'

1. 전업주부들은 지루한 부엌일을 대신해 줄 사람에게 돈을 지불할 것이다.

하인즈는 식품 제조업자였지만 어느 분야에서든 똑같은 원리가 적용된다. 당신이 공급하는 서비스나 제품으로 누군가의 삶을 보다 편리하게 해줄 수 있다면, 당신은 이미 성공으로 가는 첫 번째 계단을 밟은 것이다.

2. 품질이 우수한 단일 품목을 잘 포장해서 홍보하면, 고유의 장점이 부각되어 빠른 속도로 시장을 점령할 것이다.

마케팅의 중요성을 지적한 부분이다. 비극적인 것은 상품의 품질이 좀 떨어지더라도 '과대 선전'을 하면 주도적인 상품으로 부각될 수도 있다는 점이다. 그러나 그 제품이 지속적으로 판매되는 일은 드물다. 좋은 제품과 창조적인 마케팅이 결합했을 때 장기적인 성공을 보장받을 수 있다.

3. 병이나 항아리에 담긴 제품의 판매를 향상시키려면 본질적으로 포장이 아닌 내용물의 품질을 높여야 한다.

하인즈의 경우 이 문구는 문자적 의미뿐만 아니라 은유적으로도 맞는 말이었다. 내용물이 열등하면 고급 제품을 탄생시킬 수 없다.

4. 우리의 시장은 전 세계이다.

이미 알려진 영역이나 이미 확보된 고객층으로 당신의 역량을 한정시키지 말라. 성공은 사업의 확장에 달려 있다. 하인즈는 분명 국제적 조건들 속에서 사고했던 선구자적 인물이었다.

5. 현대적 비즈니스 시스템에 자신을 조화시켜라. 그러면 상업계의 특징이자 노사 간의 적개심을 조장하는 현재의 불만요인에 대한 처방책을 찾아낼 수 있을 것이다.

경영진과 노동자들이 잘 지내지 못하면 반드시 문제가 발생한다.

6. 간판은 우리가 걸고 선전은 대중이 하도록 이끈다. 이건 중요한

일이다. 그러나 대중을 자발적인 선전자로 만들려면 우리가 먼저 무언가를 해야 한다.

입소문과 동류집단 압력은 최고의 광고 전략이다. 그러나 대중이 떠들 만한 일을 벌이는 것은 전적으로 당신의 몫이다.

7. 정부 규제는 식품 가공 산업의 성장을 도와 줄 것이다.

경쟁력 있고 안전한 제품은 건강 및 안전 법규를 두려워할 필요가 없다는 것을 강조하는 구절이다.

8. 전 세계는 종교에 충성한다.

신앙심이 독실했던 하인즈는 전 세계가 안고 있는 문제들에 대한 해결책이 종교라고 믿었다. 동의하든 동의하지 않든 간에, 선한 사람들과 함께 일하는 것부터가 좋은 출발일 수 있다.

다음의 인용문들은 하인즈의 공장과 사무실의 창문이나 벽들을 장식했던 경구들이다. 간결하고도 명백한 교훈을 담고 있기 때문에 다른 설명은 필요 없을 것 같다.

품질과 제품과의 관계는 성격과 인간과의 관계와 같다.

우리는 성공을 위해 일하지 돈을 위해 일하는 게 아니다. 성공하기 위해 일하다보면 돈은 저절로 모인다.

성공을 가져오는 것은 자본이나 노동이 아니라 경영이다. 경영진은 자본을 끌어올 수 있고 자본은 노동을 고용할 수 있기 때문이다.

평범한 일을 비범하게 잘 하는 것이 성공을 가져온다.

심력(心力)이 마력(馬力)보다 낫다.

중요한 건 당신이 무엇을 말하는가가 아니라 언제 어디서 어떻게 그것을 말하는가이다.

젊은이의 성실함은 성공으로 가는 반석이다.

정직하게 만들고, 알뜰하게 절약하고, 현명하게 베풀어라.

오늘 당신이 가진 것으로 지금 있는 곳에서 최선을 다하라.

당신을 필요로 하는 곳으로 가서 일하라.

당신이 잘 뛰면 행운이 도랑을 건너게 도와줄 것이다.

　　헬레나 루빈스타인은 비즈니스 세계에서 완전히 이례적인 인물이었다. 고국 폴란드에서 내과 의사 교육을 받은 그녀는 1902년 어머니가 만든 안면용 크림 12병으로 화장품업계에 첫 발을 내딛었다. 그 후 반세기 동안 자신의 과학적 지식과 초인적인 홍보 감각을 결합시켜 업계를 누비면서 자산 5천만 달러라는 막대한 부를 축적했다. 그녀가 소유한 자사 주식 52%는 1950년대 초반에 3천 달러 이상의 가치에 육박했다.

　　개인적으로 헬레나 루빈스타인은 극히 까다로운 인물이었다. 그녀는 금전적인 문제에 엄격했고, 오만했으며, 모시기 힘든 상사였을 뿐만 아니라, 유별난 별종이었다. 위대한 예술품에서 명품 가구에 이르기까지 다양한 수집증이 있었고, 돈과 보석들을 신발 상자들에 가득 담아 침대 밑에 두곤 했었다.

그녀는 전적으로 직감에 의존했다. 회사 정책에 대한 원칙들을 구체적이고 확고하게 정한 적이 단 한 번도 없었고, 똑똑 끊어지는 '기관총식' 말투로 끝없이 지시를 내려서 주변의 보좌관들을 혼란스럽게 만들었다. 그녀는 거만했지만, 거의 마법에 가까운 수완으로 시시각각 변하는 자신의 사업 계획을 경영진이 따라오도록 만들었다.

타 회사의 좋은 정책들을 서슴지 않고 모방하고 응용했던 루빈스타인은 다르지만 서로 연관성이 있는 두 개의 제품군으로 회사를 이끌어갔다. 첫 번째는 자칭 '빵과 버터'라고 부르던 것들이었다. 이 제품들은 국제 화장품 업계의 주류를 차지하는 것들로 이미 실험을 통해 효과가 입증된 미용 크림과 화장품들이었다. 다른 하나는 신제품이나 미용 기구 같은 보조 제품들이었는데, 이런 제품들을 지속적으로 출시하는 목적은 대중의 눈에 자회사 제품에 대한 신선하고 지속적인 인상을 주기 위함이었다.

오랫동안 그녀의 보좌관이었던 패트릭 오히긴스 Patrick O'Higgins 가 출판한 회고록 『마담 Madame』에서 루빈스타인의 지혜가 돋보이는 '주옥' 같은 부분들을 골라서 본문에 실었다. 곧이어 살펴보게 되겠지만, 그녀가 진정으로 빛을 발했던 분야는 홍보였다. 본서의 주제별 제목에 따른 일관성을 유지하고자, 본문을 편집하고 재배열하였다.

효율적인 **관리자 되기**

나는 상인이다. 훌륭한 상인이 되려면 예리한 눈썰미가 있어야 한다. 나는 귀로 듣고 좋은 것을 가려내서 신속하게 결정한다. 상황을 이용하라. 모든 상황을 전부 이용하라. 그리고 부지런해야 한다.

일을 구할 땐 가져갈 수 있는 건 몽땅 가져가서 활용하라. 그러면 당신의 모습을 향상시킬 수 있다.

남보다 앞서려면 근면해야 한다는 것은 자명하다. 루빈스타인처럼 성공한 사람도 정상의 자리를 지키는 유일한 방법은 계속해서 열심히 일하는 것밖에 없다는 것을 알고 있었다. 성공에 안주하는 것은 재난을 불러들이는 꼴이다.

들어라. 더 말하지 말고 덜 말하라. 영리하고 싶으면 어리석은 척을 하라. 건물 주변을 거닐면서 이모저모를 알아내라. 그것이 바로 당신이 무언가를 배울 수 있는 방법이다.

근로자들에 대한 이해는 성공의 필수 요소이다. 이를 통해서 사소한 문제들이 감당할 수 없을 만큼 확대되기 전에 감지할 수 있을 뿐만 아니라, 회사 인력의 강점과 약점도 파악할 수 있다. 근로자들로부터 소외된 경영진은 미연에 막을 수 있는 실수를 간과하기 쉽다.

나는 늘 사무실에서 먹고 자곤 했는데 회사가 커지면서 어쩔 수 없이 아파트로 이사를 가야 했다. 그래서 아파트를 구입했고 그 다음에는 건물을, 그리고 나선 인접한 건물들을 사들였다. 뭐가 문제인가? 부동산은 있으면 좋은 것이다.

다각적인 사고는 성공의 문을 여는 열쇠일 뿐만 아니라, 신중을 기하면 변화무쌍한 시장의 불확실성으로부터 당신을 지켜주는 단단한 방어막이 되어준다.

돈에 관심이 있는 사람은 누구나 주식 거래를 공부해야 한다.

당연한 얘기겠지만, 국내 및 국제 비즈니스 세계에서 경쟁하려면 세계 시장이 움직이는 보다 큰 흐름을 이해해야 한다.

중간 경영진 **다루기**

경영진들이 방심할 틈을 주지 말라!

루빈스타인은 예리하면서 긴박하고 때로는 애매모호한 메시지나 메모를 직원들에게 전달하는 것을 매우 좋아했었다. 경영진의 자질을 측정하는 그녀의 방법 중 하나는 자신의 전달사항에 대한 해독능력이었다.

당신은 배우고 있는가? 더욱 강해지고 있는가? 그건 전적으로 당신에게 달려있다. 당신은 지금 이 순간 유능해야 하고 진정으로 가치 있는 무언가를 해야 한다.

루빈스타인은 간단하게 회사 소개를 한 후, 중간 경영진으로 입사한 신입사원들을 자유롭게 방치해서 회사에서의 자신의 고유한 역량을 스스로 발견하도록 하곤 했다. 표류하는 상황에 대한 대처 능력으로 회사에서 차지하게 될 각자의 미래는 빠르게 결정되었다.

홍보

홍보는 반드시 전력투구해야 하는 분야이다. 어떤 일을 저절로 진척시키는 묘책 따위는 없다.

홍보의 대가였던 루빈스타인은 '천국에서 보내다' 란 이름의 향수를 출시하면서 뉴욕 5번가에 수백 개의 풍선을 떨어뜨렸다. 그 풍선에는 '천국에서 당신에게 보낸 선물' 이라고 적힌 쪽지를 단 향수 샘플이 매달려 있었다.

먼저 훌륭한 줄거리가 있어야 한다. 그리고 그것을 전달하는 방법을 알아야 한다. 마지막으로 가장 유력한 신문들을 동원한다. 정상에서 시작하라! 그 후의 결과는 운과 사업상 교섭자들 그리고 나의 복음을 전파시킬 줄 아는 홍보 인력들에게 달려있다.

루빈스타인은 '훌륭한 광고 내용'을 구상하는 전문적인 홍보 인력을 고용하긴 했지만, 이야기의 전달자는 주로 루빈스타인 자신이었다. 그녀는 개인적인 접촉의 중요성을 알고 있었고, 그것을 이용해서 큰 성공을 거두었다. 손발을 움직이는 고된 업무를 홍보실과 광고부 직원들에게만 떠넘기고 자신은 멀찍이 물러나 있는 경영자들은 그녀의 이런 스타일을 본받아야 할 것이다. 힘들긴 해도 분명 효과가 있을 것이다.

홍보는 그저 허튼소리일 뿐이다. 그러나 그 허튼소리를 유용하게 이용하려면 효과적으로 선전해야 한다. 제품을 팔지 못하는 광고는 무용지물이다. 신문이나 잡지에 실린 좋은 공짜 기사는 광고 10개의 가치를 지닌다. 홍보의 비결은 언론과 친구로 지내는 것이며, 언론을 이용하는 방법을 아는 것이다. 정확한 보도자료를 배포하는 것도 하나의 방법이다. 이로써 언론사의 과중한 업무를 덜어줄 수 있다.

루빈스타인은 항상 가장 적은 돈으로 가장 멀리 가려고 했던 인물이다. 그녀는 최소 비용으로 최대 효과를 얻는 방법을 알고 있었다. 언론사와 당시의 유행 선도자들의 개인적인 허영심을 충족시켜 줌으로써, 그녀는 광고 회사를 이용하면 수백 달러를 들여야 했을 거대한 홍보 효과를 얻었다.

환대는 홍보에 좋다.

사업하는 사람들은 대부분 사업상 동료들에게 단순히 술을 사주는 것을 포함해서 어떤 식으로든 접대를 베푼다. 루빈스타인이 즐겨하던 방법은 늘 성가시게 구는 사람들에게 이따금씩 호화로운 저녁을 대접하고, 편안한 사교 모임을 열어서 사업적 연대를 강화하는 것이었다. 루빈스타인의 시대 이후로 접대 방법은 크게 바뀌었지만, 근본적인 취지에는 변함이 없다.

"저기요, 당신에게 이걸 주고 싶어요. 행운을 가져다 줄 거예요. 나에게 행운을 가져온 것처럼 당신에게도 행운을 가져올 거예요."
당신이 소중히 여기는 것을 다른 사람들에게 주면, 항상 더 좋은 결과가 뒤따른다.

루빈스타인은 다른 사람들에게 주려고 간직하던 보석들에서 적당한 물건을 골라 사업상 동료나 언론인들 또는 중요한 고객들에게 선물로 주는 걸 매우 좋아했었다. 그녀는 선물로 줄 보석을 항상 자신이 먼저 착용하고 있다가 건네주었다. 개인적으로 아끼는 것 같은 물건을 선물로 주면 그 물건의 실제적인 가격보다 훨씬 더 큰 가치가 있어 보인다고 믿었기 때문이었다.

고객들, 특히 미래의 고객들을 가볍게 보아서는 안 된다. 그리고 이 작은 샘플은 나와 고객과의 관계를 망쳐 놓을 리 없으며, 지금까지 나는 이 물건을 매개로 친구를 얻었다. 두고 보라. 내 견본품을 받고 그녀는 입소문을 퍼뜨릴 것이다.

그녀는 사람들이 다가오면 항상 그들과 대화하는 시간을 갖고 피부에 대한 질문에 답변해 주었다. 적당한 샘플을 보낼 수 있도록 그들의 이름과 주소도 받아 놓았다. 이것은 값비싼 광고보다 훨씬 저렴했고, 그녀의 주장대로라면 평생 고객을 만드는 방법이었다.

당신은 왜 자신의 성공에 대해 떠들고 다니는가? 그렇게 주책없이 지껄이다보면 사람들은 당신을 시샘하고 문가엔 거지들이 몰려들 것이다.

루빈스타인은 자신의 부에 초점을 맞추어 공개적으로 보도하는 것을 거부했었다. 그녀는 거대한 경쟁에 뛰어들어 용감하게 고군분투하는 사업가의 이미지는 실용적이고 동정심이 있고 대중적이어야 한다고 굳게 믿었다.

경쟁자 다루기

우리가 새로운 것만 내놓으면 레블론사(Revlon Corporation)가 따라한다.

내 장담하건데, 저 사람들은 우리 제품들을 베끼느라 바쁘다. 저들은
그저 모방자일 뿐이다. 그리고 그건 완전 사기 행위다.

그녀 자신은 타 회사 제품들을 모방해서 자신의 제품으로 만들면서도
경쟁사가 자신의 아이디어를 모방하면 화를 냈었다.

레블론사가 루빈스타인사의 주력 제품들을 모방하자, 그녀는 노발대
발했었다. 그러나 레블론사의 주식을 대량으로 사들여서 경쟁사를 자신
에게 유리하게 이용했다.

릴리안 버넌 LILLIAN VERNON

독일계 미국인 출신의 여성 사업가, 1929 -

1937년 여덟 살인 릴리안 메나세와 그녀의 가족은 집과 사업체를 잃고 무일푼 상태로 뉴욕에 도착했다. 영어도 전혀 못하는 상황이었다. 그래도 그녀의 가족은 비교적 운이 좋은 편이었다. 히틀러 독재 체제의 독일에서 도망치지 못한 사람들이 더 많았고, 그들은 훨씬 더 불행했기 때문이다.

열심히 일했던 아버지의 도움으로 릴리안은 뉴욕 대학을 다녔지만, 단 2년 만에 학교를 그만 두고 결혼하였다.

1951년까지 릴리안과 남편 샘 호크버그는 뉴욕 마운트 버넌의 작은 아파트에서 살았다. 남편의 월급으로는 겨우 생활할 수 있을 정도였고, 릴리안은 임신 중이었다. 릴리안은 자신도 돈을 벌어 생계에 보태겠다는 확고한 생각을 갖고 있었지만, 그 시절에는 임신한 여성이 밖에서 일하는 것이 사회적으로 용납되지 않았었다. 그녀가 남편에게 통신 판매 사업을 시작하겠다고 말하자, 남편은 무엇을 팔 거냐고 물었다. 그녀는 간단하게 답했다. '지금은 잘 모르겠지만 뭔가 생각해 봐야지요.'

당시 가죽 제품 제조업자였던 아버지의 도움으로 릴리안은 이름의 첫 글자를 배합한 결합문자 문양의 벨트와 핸드백 세트의 광고를 『세븐틴 Seventeen』잡지에 실었다. 498달러의 광고비용을 들여서 3개월 만에 3만 2천 달러라는 판매고를 올렸다. 부엌 테이블에 앉아서 관리하고 운영한 결과였다. 이 예상치 못한 성공에 힘입어 릴리안 호크버그는 자신이 살고 있는 도시 이름을 따서 회사명을 '릴리안 버넌'이라 짓고, 미국 최대의 단독 소유 통신 판매업체를 설립하기 시작했다.

이제 막 문을 연 회사를 세심하게 관리하고, 낭비라곤 일절 없이 알뜰하게 운영함으로써, 1963년 릴리안 버넌사는 장식적이면서도 실용적인 가정용품을 DM 카탈로그를 통해 판매하는 소규모의 안정된 회사로 성장했다. 같은 해에 화장품 대기업인 레블론사의 액세서리 공급업체가 되었다.

릴리안 버넌은 '성공은 예상하지 못한 곳에서 찾아온다'고 단언한다. 그녀의 행운의 여신은 1973년에서 74년까지의 석유 통상정지와 연료 위기였다. 자동차로 늘 이용하던 가게와 상점에 갈 수 없었던 미국인들은 우편 주문 방식의 카탈로그로 필요한 물건들을 구입했다. 그 후 지속적으로 증가하던 여성 근로자들은 카탈로그 쇼핑이 여유 시간을 많이 만들어 준다는 사실을 발견했다.

1990년대 중반에 이르기까지 릴리안 버넌사는 14명의 수석 관리자들이 감독하는 2억 3천 8백만 달러의 거대 기업이었다. 현재 70세 가까이 된

버넌은 고객에게 제공할 새로운 제품을 찾아 전 세계로 구매 원정단을 이끌면서, 여전히 활발한 활동을 펼치고 있다.

유능한 경영자가 되는 법을 힘들게 터득한 릴리안 버넌은 늘 자신의 지식을 다른 사람들과 공유하고 싶어한다. 다음에 실린 내용은 그녀의 자서전『승자의 눈An eye for winners』에서 발췌한 것들로 사업의 시작과 운영에 대해 그녀가 제공하는 몇 가지 소견들이다. 인용문은 본서의 주제별 제목과 어울리도록 편집 및 재구성되었다.

자기 사업 **시작하기**

때로는 진부한 사업을 유지하는 것보다 새로운 사업을 시작하는 것이 더 쉽다.

지금 하고 있는 사업을 유지하기 위해 노력해야 하는 것은 당연한 얘기지만, 항상 그것만이 경제적으로 가장 타당한 방법은 아니다.

지금까지 회사 근무 경험이 전혀 없었다면, 당신은 사무실에서 일하는 사고방식에 익숙해진 사람들보다는 혼자서 사업을 시작하는 일에 더 적합할지도 모른다. 동료들과 함께 일하는 작업 환경에 익숙한 사람은 혼자서 가게를 열면 고독감을 느끼는 경우가 많다.

자신의 사업을 운영하는 것은 당연히 고독한 일이며, 엄격한 자기 관리가 필요하다.

사회적 이단자들은 오히려 비즈니스 세계에서 유리하다. 그들은 독특하고 객관적인 시각으로 세상과 사람들을 바라본다. 현재 당신은 당신만의 고유한 영역에서 일하는 당신 자신의 사장이다. 그것이 힘의 원천이 되어 줄 것이다.

'군중 속의 한 명' 이 되지 못하는 사람들은 상대적으로 자신의 힘으로 독자적 경지를 개척하는 일에 우월할 것이다.

모든 혁신은 아이디어 즉, 상상력에서 시작된다. 그리고 우리를 신세계로 이끌었던 모든 아이디어들은 철저한 연구와 노력에서 비롯되었다. 성공적인 기업가는 실용적인 공상가가 될 줄 아는 사람이다.

상상력은 큰 장점이고 실용성은 필수 요소이다.

나는 모든 사업가들에게 경고한다. 누군가 '당신은 멈추어야 할 때를 모르는 노름꾼이야.' 라는 시선으로 당신을 바라보면 얼굴을 돌리고 무시해 버려라. 나는 상대의 감정을 상하게 하지 않으면서 모른 체하는 방법을 알고 싶지만 아직도 모르겠다. 아마도 그건 불가능한 일인지도 모른다.

그러나 경험자들의 훌륭한 조언은 잘 듣고 심사숙고해보는 현명함을 지녀야 한다.

본능은 당신을 출발시켜주긴 해도 지속시켜주진 않을 것이다. 본능은 당신의 경쟁자에게도 있다. 따라서 당신은 훌륭한 전략적 기획을 수립하고 사업적 현실에 나날이 전념함으로써 타고난 재능을 한껏 성장시켜야 한다. 모든 요소를 적절히 갖추고 있지 않으면, 비교우위를 확보할 수 없을 것이다. 사업에서는 세부사항에 대한 꼼꼼한 관리가 매우 중요하다.

사업을 시작하려면, 하물며 자택 근무여도 창업비용이 필요할 것이다. 이 비용을 최소화하되, 지출 비용을 미리 예측하여 정확히 예산을 짜야 한다. 어느 부분에서든 지출이 늘어날 수 있다는 점을 고려하면서 계획을 세워라.

여유자금이 많을수록 낭비의 가능성도 커진다. 자금이 아무리 많아도 적절한 금액 내에서 지출해야 한다. 실제 수입이 얼마인지 계산해 보는 것이 가장 확실한 방법이다.

자수성가란 극히 적은 자본으로 사업을 시작한 경우에 쓰는 표현이다. 사업을 유지할 수 있는 지속적인 현금의 흐름을 창출하려면, 자수성가한 사람은 전적으로 자신의 수완에 의존하는 수밖에 없다.

그는 단지 현상 유지를 위한 현금을 확보하기 위해서 모든 기술을 총동원하고 계속 빡빡한 예산을 유지해야 할 것이다. 자수성가한 사람은 현금의 흐름을 최대화하는 방향으로 모든 경비를 조정하면서 지출을 줄이고, 가능한 방법은 전부 이용해야 한다. 초보 사업가들은 사업에서 성공의 핵심은 돈이라는 사실을 절대로 잊어서는 안 된다.

현명한 사업가라면 누구든 릴리안의 조언대로 할 것이다. 그렇지 않으면 회사의 수익이 새어나갈 위험이 있다.

나는 일찍 성공했지만 여전히 경험에서 얻은 기본 원칙을 따른다. 즉, 록펠러처럼 투자하고, 극빈자처럼 생활하는 것이다. 나는 알뜰하기로 유명한 프랑스 주부처럼 회사를 운영한다. 나에게 남는 물건은 일절 없다.

낭비란 없어진 돈이다. 사업의 규모가 크면 클수록 낭비 가능성도 그만큼 더 크다. 정부의 관료제도가 얼마나 낭비적으로 운영되는지를 살펴보면 알 수 있다.

자금의 유동성, 즉 현금을 목표로 사업을 해야 한다. 현금이란 용어를 잘못 이해해서는 안 된다. 수익은 현금이 아니고, 미수금도 수금이 완료될 때까지는 현금이 아니며, 물적 자산도 현금이 아니다.

유동 자산만이 현금이다. 그밖의 것은 자산 또는 빚이다.

사업에서 당신이 제공하는 제품이나 서비스는 미래 성공의 토대이다. 사람들이 사고 싶어하는 것들을 제공해야 한다. 고객의 욕구를 충족시킬 수 있는 좋은 아이디어들에 마음을 열어라. 아울러 시장에 이미 나와 있는 상품들을 향상시킬 수 있는 방법이 있는지 찾아보라. 나는 처음부터 소비자들이 원하는 것들을 소비자들이 구매할 수 있는 가격으로 공급했다. 항상 실용성에 대한 고려가 나를 이끌어 주었다.

당신의 시장을 조사하라. 당신의 아이디어와 그것을 실현시키는 방법이 기존의 것들보다 우수한지를 스스로에게 자문하라. 그 대답이 '확실히 그렇다.' 여야 한다. 그렇지 않으면 당신은 경쟁력을 갖출 수 없다. 유사 제품들을 구입해서 실험하라.

시간과 돈을 투자하기에 앞서 반드시 당신의 목표 시장과 당신보다 먼저 사업을 시작한 경쟁사에 대해 알고 있어야 한다. 이 두 가지를 제대로 파악하지 못한다면 당신은 힘든 일을 겪게 될 각오를 해야 할 것이다.

가장 먼저 해야 할 중요한 결정 중의 하나는 개시 재고에 관한 문제일 것이다. 사업을 시작할 때 물건을 얼마나 준비해야 할까? 재고량은 적어야 한다. 판매량을 예측할 수 있기 전까지는 상품의 수량을 가능한 한 빡빡하게 유지하라. 재고에 돈이 묶여있으면 그만큼 다른 곳에 쓸 수 있는 자금이 줄어든다는 사실을 명심하라.

핵심 상품에 집중하는 것이 경제적 성공의 열쇠이다. 당신이 잘 알고 있는 제품들과 시장에 집중하여 판매 방법을 결정하라. 모르는 사업에 손을 대지 말고, 알고 있는 일을 계속해야 한다. 장기적인 목표와 단기적인 목표를 점진적으로 세워나가면서 현재의 우선 사항들에 주력하라. 신출내기 사업가는 가능하면 빨리 앞서고 싶다는 유혹에 빠지곤 한다. 그러나 나는 미리 조사하고 시험해 봐야 한다고 충고한다. 한두 개 정도의 제품에 주력해서 안정된 시장을 확보하기 전에는 더 이상 제품군을 추가하지 말라. 일단 안정된 시장이 구축되면, 그 후에는 가능한 한 신속하게 제품군을 넓혀가야 한다. 이 같은 신중한 투자를 통해서 당신은 현금을 축적하게 될 것이고, 그 돈이 사업을 확장하는 시기에 회사의 운영을 유지해 줄 것이다.

최대한 빨리 성장하면서 동시에 현금을 늘려가기란 무척이나 어려운 일이다. 회사가 성장하려면 이 두 가지는 필수 요소지만, 둘 사이의 균형을 맞추기 위해선 아주 세심한 경영이 요구된다.

성장은 기회와 동시에 복잡한 상황을 가져온다. 회사가 성장하면서 돈 버는 기회, 어쩌면 대박을 터뜨릴 수 있는 기회들이 생기기도 한다. 그러나 그 전에 예기치 못한 문제들이 발생해서 이를 수습하느라 진땀을 빼고 있는 당신의 모습을 보게 될지도 모른다. 모든 분야에서 지출은 급증할 것이다. 또한 판매고의 증가는 필연적으로 제품과 창고업을 비롯해서 고객의 주문 처리 과정에 더 많은 투자를 해야 한다는 뜻이기도 하다. 아울러 더 많은 인력과 더 큰 작업장이 필요할 것이다.

사업체들은 주로 거래량의 부족으로 실패하지만, 이에 못지않게 빠른 확장으로 인해 실패하기도 한다. 놀랍게도 너무 성공하다보니 파산하게 된 회사가 생각보다 많다.

가장 단순한 형태의 사업 구조는 단독 소유 형태이다. 사업에서 당신은 혼자이다. 이해관계가 없다보니 잠재적 이익도 혼자서 누린다. 감독과 관리도 당신 혼자서 다 한다. 그러나 이런 형태에서는 재정적 책임도 혼자 져야 한다는 것이 큰 결점이다.

사업을 할 때는 재정적인 책임은 물론이고 감정적인 책임도 져야한다. 의사 결정과 전략 논의에 도움을 줄 사람도 필요하다. 확실한 관리 경험이 없으면, 동업을 고려해 보거나 믿을만한 관리자를 두는 것이 오히려 현명할 수 있다.

제휴 형태의 사업은 비교적 시작하기가 수월하고 동업자가 신규 사업에 필요한 자금과 노련한 경험, 지원을 뒷받침해 줄 수 있다는 장점이 있다. 동업자를 두면 사업적 문제들에 대한 논의 및 전략 기획, 확실한 목표 수립을 도와줄 협력자를 얻게 되는 셈이다. 만약 제휴 관계가 당신이 바라는 만큼의 성과를 내지 못할 경우에는 매각이나 폐업으로 문제를 해결할 수 있다.

당신의 동업자는 자금 이상의 유용한 무언가를 갖고 있어야 한다. 또한 당신과 동업자 둘 중 한 명은 사업 경험 및 관리 경험이 있어야 한다.

기업은 유한 책임을 갖는 분명한 법적 실체이다. 기업 창설은 전문적인 법적 조언을 필요로 하는 복잡하고도 많은 비용이 드는 과정일 수 있다.

위험성이 높은 사업을 하는 것이 아니라면, 신생 기업으로서는 이런 거창한 절차까지는 필요 없을 것이다.

효율적인 **관리자 되기**

항상 귀를 열고 정신을 바짝 차리고 있어야 한다. 때로는 생각지도 못했던 운 좋은 상황들이 발생하기도 한다.

1973년부터 74년까지의 원유 무역 금지 조치가 그녀의 카탈로그 사업에 가져온 행운을 생각해 보라.

나는 잠자코 있으면서 그저 보고 듣는 것이 무언가를 배울 수 있는 유일한 방법임을 오래 전에 깨달았다.

사업을 하면서 성공에 안주해서는 안 된다. 앞으로 나아가지 않으면 뒤처지게 된다.

그러나 때로는 회사를 통합 정리하면서 내실을 기해야 한다는 것도 잊지 말아야 한다. 지속적인 성장만 추진하는 것은 경제적이고 감정적인 고갈이다.

사업적 탄력성은 회사를 운영할 때 필요한 핵심 요소이다.

인간의 몸이 견딜 수 있는 지구력에는 한계가 있다는 사실을 명심해야 한다. 앉아서 제대로 식사를 하지 않고 허겁지겁 끼니를 때우고 있다거나, 쉬는 시간도 없이 하루 12시간을 일만 하고 있다면, 결국 당신은 사업에 지장을 주게 될 것이다. 그러나 그보다 더 중요한 것은 일이 당신을 해칠 것이라는 사실이다. 우선은 신체가 건강하고 정신이 깨어 있어야만 일을 잘해낼 수 있다.

많은 사람들이 믿고 있듯이 기업가들은 자신의 사업을 생각하고 꿈꾸며 그와 더불어 생활한다. 또한 나는 일에서 벗어나서 보낸 시간이 새로운 시각과 넓은 시야, 새로운 인맥의 형성을 가능하게 해준다고 믿는다. 나는 결코 다른 일을 전부 유보할 정도로 사업에 전념했던 적은 없다. 정보망을 구축해 두면, 항상 바깥세상과의 접촉을 유지할 수 있고, 어디서 무슨 일이 일어나고 있는지를 알 수 있다.

나는 항상, 심지어 출장 중일 때도 사업을 관리한다. 사업하는 사람은 이유를 막론하고 사업체와 연락이 끊겨서는 절대로 안 된다는 게 나의 철칙이다.

위의 인용문들은 개별적으로는 전부 맞는 말이지만 한편으로는 상호 모순적이기도 하다. 회사와 완전히 연락을 끊지 않으면, 사실 당신은 일에서 완전히 해방된 것이 아니다. 현대 기술로 인한 슬픈 현실은 당신이 언제 어디에 있든 누구와도 연락이 가능하다는 점이다. 차라리 자택에서 쉬면서 전화와 컴퓨터 코드를 뽑아 놓은 것이 노트북 컴퓨터와 휴대전화를 들고 비행기를 타고 남태평양으로 떠나는 것보다 훨씬 더 휴식다운 휴식일지도모른다.

회사를 설립해서 운영하는 기업가들은 사업체를 마치 친 자식처럼 특별한 창조물로 생각하게 된다. 그러나 회사를 성공적으로 운영하려면 결국 자유를 주어야 하는데, 그러기가 쉽지 않다. 그것은 사랑하는 자식을 험난한 세상으로 내보내는 것과 같아서 떠나보내야 하지만 매우 고통스러운 일이다.

여기서 릴리안의 조언은 난데없이 나타난 불한당에게 운영권을 빼앗기기 전에 당신이 잘 알고 신뢰하는 적임자에게 확실히 넘겨주라는 것이다.

중간 경영진 **선택하기**

나는 항상 외부 인사를 영입하지 않고 우리 회사 내부에서 직원들을 승진시키려고 노력해 왔다. 회사를 이끌어갈 동료를 선출하기란 쉽지 않은 일이며, 나는 늘 학벌보다는 성품을 중요시했다. 나는 우리 회사와 우리의 운영 방식을 아는 사람들과 일하는 게 좋다.

외부인을 고용하는 것보다 내부 인력 중에서 경영진을 선발할 때, 당신은 훨씬 더 폭넓은 통찰력으로 유능한 관리자의 유형과 능력을 판단할 수 있다.

중간 경영진 **다루기**

훌륭한 관리자들을 어렵지 않게 선발한 후에는, 적절한 자유재량을 주어서 각자의 능력을 반드시 발휘하게 하는 방법을 찾아내야만 했다. 나는 이렇게 말했다. '제가 여러분에 대해 알고 있다고 생각하지 마세요. 성공과 실패는 여러분 각자에게 달려 있습니다.' 능력을 발휘할 기회를 주지 않는다면 유능한 사람을 고용하는 것은 무의미하다. 확실한 책임을 어깨에 얹어주면 사람들은 단호하게 행동하는 법을 스스로 알게 된다.

중간 경영진 중 한 명이 장차 당신의 자리를 대신할 수도 있다는 가능성을 염두에 두고, 당신이 승진하거나 퇴사하기 전에 이들을 잘 교육시키고 가능한 한 많은 경험을 쌓을 수 있게 배려해 주어라.

나는 동료들과 함께 장기 출장을 다녀오면서 우리 스스로를 격려하는 전통을 만들었다. 우리는 매번 출장 때마다 우리들만의 특별한 저녁 식사를 위해 다 함께 나가서 최고의 음식을 먹고 최고의 와인을 마신다. 그리고 식사를 마친 후에는 웨이터에게 와인 병에 붙여진 상표를 떼어 달라고 부탁해서 모두 거기에 사인을 한다. 전원의 사인이 적힌 상표는 우리의 성공적인 진출을 기념하는 추억거리로 남는다.

중간 경영진들과 함께 편한 시간을 보낼 때는 당신보다는 그들이 주로 말을 하게 하라. 그래야만 체통을 지키면서 당신이 상사라는 거리감도 없앨 수 있다.

직원들 다루기

나는 내가 들인 노력의 성공 정도를 십 년 이상을 나와 함께 하는 직원들의 수로 계산한다. 회사에 대한 직원들의 충성은 회사가 그만큼 성장했고 만족도가 높다는 의미이다.

직원들의 수가 그리 많지 않다면 직원 지침서를 준비하는 건 시기상조일지도 모른다. 그러나 결국 길게 보면 그런 지침들은 직원들과의 관계를 원만하게 해줄 것이다. 휴가나 복장 규정, 근무 시간, 병가에 대한 보충 등의 문제를 여기서 다루어야 한다.

매우 바람직한 조언이지만, 많은 소규모 회사들이나 대기업 내의 반독립 부서들이 제대로 된 직원 지침서를 갖고 있지 않다. 직원 지침서를 통해 오해의 소지를 상당량 해소할 수 있다. 문서에 명시되어 있지 않은 일들이 발생하면 그 부분을 추가하면서 수정하면 된다.

회사에 딱 맞는 직원들을 발굴하는 일에 집중해야 한다. 직원 채용은 시간 소모적이긴 해도 투자 가치가 충분하다.

인력을 넘치게 고용하지 말아야 한다. 그리고 직원을 교육시키는 일에 시간과 노력을 투자해야 한다. 결국 직원들은 자신들을 유능한 근로자로 키우려는 당신의 노고에 감사할 것이다.

중복되는 업무를 맡고 있는 인력이 너무 많으면, 돈 먹는 구멍이 되면서 순식간에 당신의 자금을 말릴 수 있다. 작업 인력을 적절하게 늘리면 절대로 감원할 필요가 없을 것이다.

질 높은 직원들을 보유하기 위해서 우리 회사는 수업료 환급과 4개월의 임신 휴가를 제공했다. 나는 직원들을 친절하고 인간적으로 대접하는 것이 사업체를 훌륭하고 탄탄하게 이끌 수 있는 유일한 길이라고 확신했기 때문에 그런 정책들을 시행했다.

훌륭한 직원들이 훌륭한 회사를 만든다.

사업 동료 다루기

믿을만한 중개상과 제품 공급업자 그리고 그런 직원들을 확보하고 있는가가 성공을 얻고 위험을 최소화하는 열쇠가 된다는 사실을 깨닫는 데는 그리 오랜 시간이 걸리지 않았다.

사업에서 중요한 역할을 하는 존재는 당신이 선택하는 중개상들뿐만이 아니다. 당신이 물건을 구입하는 신뢰할만한 상인들 역시 결정적인 역할을 한다.

사실 우리들 대부분은 중개인의 위치에 있다. 즉, 사슬의 일부이다. 설사 직접적인 관련성은 없더라도 사슬의 일부인 누군가가 잘못을 저지르면, 전반적인 이미지는 타격을 받게 된다. 사슬 저쪽에 있는 사람들까지 전부 관리할 수는 없지만, 책임감 있는 사람들과 인연을 맺도록 최대한 노력하라.

누군가를 신뢰하기에 앞서, 항상 한 번 더 생각해 보고 신중하게 따져보는 건강한 회의주의가 필요하다.

홍보

사업을 시작하기 전에 반드시 시장 조사를 해야 한다. 우선, 당신의 제품이 시장에서 어떤 소비자들에게 호소할 수 있을지를 결정하라. 그리고 그런 잠재 고객들의 기호에 제품을 맞추어라. 광고는 반드시 당신의 제품 및 목표 시장과 조화를 이루어야 한다.

당신의 제품이나 서비스의 목표 시장을 결정하고, 그에 맞는 광고 전략을 세워라.

고객은 사업의 흥망성쇠를 결정한다. 즉, 회사가 존속되려면 고객의 반응을 얻어야 한다. 그러므로 당신이 갖고 있는 창조적인 에너지를 십분 발휘해서 그들에게 구애작전을 펼쳐라.

고객들의 신뢰를 얻느냐 마느냐에 따라 당신은 성공하거나 파멸한다. 최우선적으로 중시해야 할 사항은 고객들을 향한 정직함이다. 사업을 하다보면 고객을 실망시키지 않으려고 정직하지 못한 태도를 취하는 경우가 종종 발생한다. 그러나 모든 과정에서 최선을 다했지만, 공급업자로부터 주문한 물건이 늦게 도착해서 어쩔 수 없이 배송이 지연되었다면 어쩌겠는가? 우리는 고객이 조바심을 내면서 무작정 물건을 기다리게 하기보다는 발송과정에서 생긴 문제점을 고객에게 사실대로 알려주려고 노력한다. 그 과정에서 비용이 추가로 들긴 해도 고객을 안심시키는 것은 그만큼 가치 있는 일이다. 고객이 제품을 반송하면 시간을 끌지 않고 최대한 빨리 환불해준다. 고객이 없으면 사업도 없다는 사실을 항상 기억하라. 반복해서 물건을 사는 고객들은 회사의 확고한 기반이 된다. 지금까지 40년 이상 릴리안 버넌사의 제품을 구입하는 고객들 중에는 단골들이 많다.

고객에게 정직하라. 문제가 발생했을 때 얼버무리거나 변명을 하는 것은 옳지 않다. 당신의 잘못도 아니면서 때로는 판매처를 잃는 경우도 있겠지만, 시간이 지나면 고객들은 당신의 정직함을 높이 평가하게 될 것이다.

사업 초창기부터 고객에 대한 자료를 구축하기 시작해야 한다. 일단 고객에 대한 정보를 확보했으면 인내심을 갖고 정성을 다해서 발전시킨다. 당신에게 물건을 구입한 모든 고객들의 이름과 주소를 기록하라. 가장 중요한 항목은 구입 물품과 지출액과 추가 주문일이다.

사업의 시작에서부터 오늘에 이르기까지 나는 고객 명단에 돈과 정력을 쏟아 부었다. 은행원들은 회사 공장과 컴퓨터 시스템이 우리의 주요 자산이라고 믿고 있지만, 그들은 잘못 본 것이다. 우리의 주요 자산은 우편 발송 고객 명단이다. 우리 회사의 기본적인 토대는 바로 그것이다.

고객 정보를 제대로 확보하고 있는 것만큼 중요한 것은 고객들과의 연락을 유지하는 일이다. 고객들을 의례적으로 방문하기가 힘든 대다수의 업체들은 주로 우편 발송 방식을 통해서 고객 관리를 한다. 눈에서 멀어지면 마음에서도 멀어진다는 것을 명심하라.

당신의 고객 명단이 늘어날수록 다른 회사들이 명단을 탐낼 것이다. 고객 명단을 임대하는 것도 수입의 중요한 원천이 된다. 나는 내 명단을 다른 회사들에게 빌려주기도 했고, 그들에게 빌리기도 했으며, 때로는 서로 교환하기도 했다. 회사들이 서로의 고객 명단을 공유하는 것은 제 살을 깎아 먹는 일 같지만 실제로 공공연하게 행해지고 있다.

우리가 다른 회사의 고객 명단을 빌렸을 때 제일 먼저 보는 것은 고객들의 마지막 주문일자이다. 현재의 고객들이 가장 매력적인 고객들이다.

우편 발송 고객 명단을 이용할 때는 신중을 기하라. 쓰레기 같은 광고 우편물은 전업주부 소비자들과 사업체에 독이 된다.

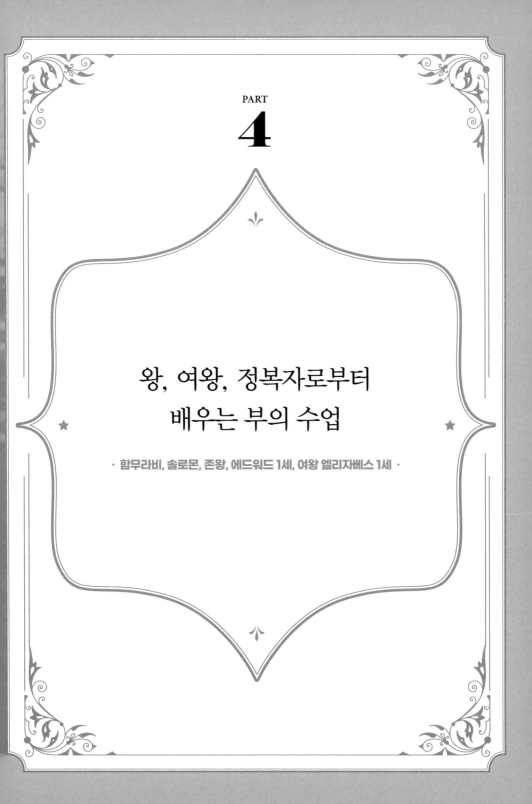

PART

4

왕, 여왕, 정복자로부터
배우는 부의 수업

· 함무라비, 솔로몬, 존왕, 에드워드 1세, 여왕 엘리자베스 1세 ·

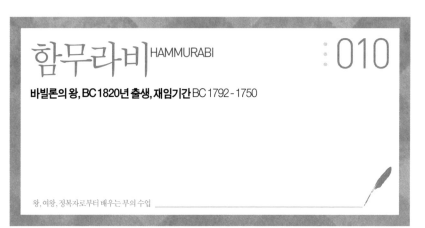

함무라비 HAMMURABI

바빌론의 왕, BC 1820년 출생, 재임기간 BC 1792 - 1750

왕, 여왕, 정복자로부터 배우는 부의 수업

　　솔로몬이 유대 왕이 되기 수세기 전인 기원전 18세기에 바빌론의 왕이
었던 함무라비는 고대 통치자들 중에서 유독 진보적인 인물이었던 것 같
다. 비록 인접 국가들과 자주 전쟁을 벌이긴 했지만, 메소포타미아의 도
시 국가 대부분을 성공적으로 단일한 지도력 아래, 즉 자신의 통제권 하에
두었다.

　　넓어진 신제국을 통치하기 위해 함무라비는 놀라울 정도로 문명화된
법제들을 발전시켰다. 함무라비법의 상당 부분이 출애굽기 21장과 22장
에 실린 모세 법에 거의 그대로 등장하는 것으로 봐서, 그의 법제는 바빌
론 국경을 넘어 멀리 떨어져 있는 지역에서까지 수용되었음이 분명하다.

추가적인 히브리 법제의 내용은 모세에 관한 장 72쪽을 참조하라

함무라비는 여러 민사적 위반행위들을 사형과 신성 재판, '눈에는 눈'이라는 동태복수법同態復讐法, Lex talionis으로 처단했다. 그러나 그런 가혹한 조처들에도 불구하고, 그의 법전은 판결 내용이 왕이나 지역 재판관의 일시적인 기분에 따라 야만스러울 정도로 잔인하거나 혹은 크게 관대했었던 초기 정의법에 비해 상당히 발전된 형태였다. 그의 법전에서 처음으로 남의 아내를 인질로 삼는 것과 개인적인 피의 복수가 금지되었다. 하인, 노예, 노동자들을 모두 정당하게 대우해야 했고, 남편이나 아내는 법적으로 무과실 이혼을 청구할 수 있었다. 놀라운 것은 전남편들이 전부인과 자식들에 대한 부양의 의무를 요구받기도 했다는 사실이다. 함무라비는 자신의 법전을 '의롭고도 경건한 법령'이라고 설명했다.

타인을 허위로 고소하는 자나 자신의 과실로 잘못된 판결을 내리는 재판관은 처음에 제시한 피해액과 동일한 금액이나 그 이상을 보상액으로 지불해야 했다. 현대의 사법 체계에 이런 조처를 도입하면, 법원의 업무를 지체시키는 사소한 소송들이 크게 줄어들지도 모른다. 또한 그의 법제에는 투덜대거나 불평하는 직원들을 다루어야 하는 관리자들을 위한 훌륭한 경영 교훈도 담겨져 있다.

함무라비 법전은 총 282개의 조항으로 되어 있다. 본문에서는 현대의 경영 기법에 적용 가능한 조항들만을 선별해서 본서의 주제별 제목에 맞게 분류하여 인용하였다. 그렇다고 이 법제들을 있는 그대로 실생활에 적용하기에는 당연히 무리가 있음을 감안하라.

직원들 다루기

나 함무라비는 고귀한 왕자이자 신을 두려워하는 자로서, 인류의 행복을 증진시키고 이 땅에 정의를 정착시키며 악한 자들과 악인들을 멸하기 위해 본 법령을 제정하니, 강자는 약자를 해롭게 하면 안 될 것이다. 나 함무라비는 부를 증가시키는 한편 억압받는 자들에게 행복을 가져다줄 것이다.

누가 최고 경영자이고, 아래 사람들은 그에게 얼마나 큰 은혜를 입고 있으며, 그가 얼마나 큰 힘을 갖고 있는지를 모두가 알도록 하라.

만약 강도를 당하고 범인을 잡지 못하면 피해자는 선서를 한 후 손실액을 말한다. 그러면 지역 사회가 잃어버린 물건에 대한 보상을 해줄 것이다.

10세기 초반까지는 문명국이나 사회적으로 발전한 공동체에서 구성원의 피해액에 대해 보편적이고 관대한 보상을 해주는 것이 표준 관행이었다. 이 제도를 통해 구성원들은 사회 속에서 안정감과 신뢰감을 얻었었다. 하지만 제도의 폐지와 함께 안타깝게도 지금은 사라진 감정들이다.

만약 전쟁 중에 왕의 길을 따라 진군하라는 명령을 받은 지휘자나 사병이 자신은 출전하지 않고 용병을 고용한 후 그 대가를 지불하지 않으면, 그 장교나 사병은 사형에 처한다. 그리고 대신 출전한 용병은 그의 집을 소유하게 될 것이다.

용병을 고용하던 시절은 이제는 먼 과거사가 되었지만, 직원에게 용역의 대가를 지불하지 않으려 하거나 하도급업자나 프리랜서를 부당하게 다루는 악덕업자들에게 적용해 볼 만한 법조항이다.

누구든 자기 집을 두고 도망을 가서 자신의 아내가 다른 사람의 집으로 가서 살게 되었을 때 그가 돌아와 아내를 되찾고자 하는 경우, 그는 자기 집을 떠나 도망친 자이므로 아내를 되찾을 수 없을 것이다.

이것은 사업적인 내용은 아니다. 다만 약 400년 전 바빌론에서 놀라울 정도로 개화된 시각으로 여성의 독립적인 지위를 보장해 주었다는 것을 알 수 있는 대목이다.

기업 절도와 **범죄**

만약 누구든 법정의 원로들 앞에서 범죄 행위를 기소하고 그에 대한 증거를 제시하지 못한 경우, 기소 내용이 사형감이면 해당 고소인을 사형에 처한다.

이 같은 처벌은 너무 가혹하긴 해도 거짓 고발과 유언비어를 퍼뜨리는 행위들의 심각성을 과소평가해서는 안 된다.

사원이나 왕실의 재산을 훔치는 자는 사형에 처할 것이며, 그에게서 훔친 물건을 받은 자 역시 사형에 처한다.

회사에서 절도 행위를 한 자는 훔친 물건이 아무리 사소해도 반드시 벌금을 물어야 한다.

누구든 왕실의 소나 양, 나귀, 돼지, 염소를 훔치면 그는 30배로 물어내야 한다. 시민의 가축을 훔친 자는 10배를 물어낸다. 도둑이 변상할 수단이 없으면 사형에 처한다.

산업 스파이 활동이나 지적 재산 절도행위에 대한 흥미로운 제지수단이지 않은가!

만약 남의 곡물이나 돈을 맡은 자가 주인의 허락 없이 그것을 사용하면 그 자는 법적으로 유죄이며 자신이 가져간 곡물이나 금전을 되돌려 주어야 한다. 그리고 이미 받았거나 장차 받아야할 대리 수수료는 상실된다.

기업 절도에 대한 더할 나위 없이 합리적이고 정당한 처벌이다.

다른 사람의 눈을 실명시키면 자신의 눈도 실명될 것이다.

다른 사람의 뼈를 분지르면 자신의 뼈도 분질러질 것이다.

다른 사람의 이를 부러뜨리면 자신의 이도 부러뜨려질 것이다.

자신보다 지위가 높은 자의 몸을 치면 대중 앞에서 소 채찍으로 60 대를 맞게 될 것이다.

위의 4가지 법조항들은 분명 구약의 '눈에는 눈' 이라는 표현과 유사하다. 사실 손상 내용과 똑같은 방법으로 배상하는 것은 사적 재산이나 기업 재산의 경우라면 나쁘다고 볼 순 없다. 그러나 개인적인 상황에서 이런 보복 방식을 택한다면, 설령 합법화된다고 해도 환영받기 힘들 것이다.

법적 절차

만약 죄인이 원로들을 달래서 곡물이나 돈으로 대신하는 벌금형 을 받게 되면, 그는 판결에서 정하는 벌금을 내면 된다.

그 당시에는 오늘날처럼 재판 절차에 엄청난 비용이 들거나 변호사의 수임이 그렇게 높지는 않았을 것이다.

다음 조항은 의료 행위에 대해 의사가 받게 되는 처벌을 판결하는 내용 이다.

만약 의사가 집도용 칼로 과도하게 절개해서 환자를 죽이거나, 종양을 째거나, 또는 눈을 다치게 하면, 그는 손이 잘리게 될 것이다.

의료 과실에 대한 흥미로운 조항이 아닌가!

사업 동료 **다루기**

누구든 다른 사람에게 금이나 은, 또는 그 밖의 물건에 대한 보관을 위탁하는 경우, 그는 증인에게 위탁할 물건을 전부 보여주고 계약서를 작성한 후에 위탁을 맡을 사람에게 물건을 건네주어야 한다.

좋은 사업 관행은 바뀌는 법이 없다. 계약서를 작성한다는 것은 비록 당사자들이 적대 관계일지라도 상호간의 불신을 뜻하는 게 아니라 계약법의 공정함을 인정한다는 의미다.

만약 물건을 위탁한 자가 목격자나 계약서 없이 물건을 맡겼을 경우, 그 물건을 받은 자가 위탁 사실을 부인하면 그는 맡긴 물건에 대하여 법적 소송을 제기할 수 없다.

좋은 사업 관행들과 마찬가지로 상식도 예나 지금이나 그대로이다. 물건이나 용역을 거래할 때는 항상 계약서나 영수증을 받아 놓아라.

166

만약 누군가가 다른 사람의 아들이나 노예로부터 증인이나 계약서 없이 은이나 금, 남자나 여자 노예, 소나 양, 나귀나 그 밖의 것을 사거나 그 물건의 보관을 위탁받으면 그는 도둑으로 간주되어 사형에 처해지게 될 것이다.

구입한 물건의 출처를 확인하라는 엄중한 훈계이다. 이런 조항을 두면 구입한 제품이 훔친 물건으로 판명되더라도 당신의 회사가 문제를 겪지 않도록 보호받을 수 있을 것이다.

만약 상인이 투자 목적으로 중개인에게 돈을 위탁한 경우, 그 중개인이 투자한 곳에서 손실이 발생하면 그는 그 상인에게 손실분을 변상해 주어야 할 것이다.

투자 정책에 대한 흥미로운 접근법이긴 해도 투자사들은 달가워하지 않을 것이다.

만약 상인이 대리인을 속이면, 예를 들어 상인이 위탁한 돈을 대리인이 전액 반환했는데도 그 상인이 돈을 수령한 사실을 부인하면, 대리인은 신과 재판관들 앞에서 상인의 죄를 증명한다. 증거가 있는데도 상인이 계속 죄를 부인하면, 그는 대리인에게 여섯 배의 금액을 보상한다.

당신을 위해 성실하게 일한 사람을 속이지 말아야 한다는 것은 지극히 당연한 상식이다. 이런 조항은 확고한 정책으로 확립시켜야 한다.

자회사 **경영하기**

지휘관이나 사병이 자신의 집과 정원, 들판을 떠나면서 세를 놓아 타인이 그 집이나 정원 또는 들판을 차지해 3년 동안 이용한 경우 원래의 주인이 돌아와서 소유권을 주장해도 인정받지 못한다. 그 대지를 차지하여 이용한 자가 계속해서 이용할 것이다.

이것은 부재 중 소유권을 주장하지 말라는 강력한 훈계이다.

만약 어떤 사람이 자신의 들판을 임대하여 경작을 허락하고 자신은 그 토지에 대한 임대료를 받는 경우, 악천후로 수확을 망치면 그로 인한 피해는 땅을 경작한 임차인이 지게 된다.

설득력 있는 고려사항이다. 사업에서 발생하는 위험은 오직 사업의 차용자나 체인점 영업권을 보유한 자의 책임이다.

만약 채무를 진 사람이 폭풍우로 농작물이 쓰러지거나, 수확을 못하거나 또는 물이 부족해서 농작물이 자라지 못한 상황에 처하면, 그

해에 그는 채권자에게 곡물을 주지 않아도 된다. 또한 채무 내용을 적은 명판을 물로 씻고, 그 해에는 소작료를 내지 않을 것이다.

바로 앞의 조항과 모순되는 것 같지만, 사업 차용자나 체인점 영업권 보유자가 사업 초기에 자신의 잘못이 아닌 불가피한 외적 요인에서 발생한 손실로 고통을 받을 경우 선처를 구하는 내용으로 해석해 볼 수 있다.

만약 소작농이 되갚을 돈이 없으면 왕실 세법에 따라 소작료로 돈 대신 곡물이나 참깨를 상인에게 주어야 한다.

현금 대신 물건으로 보상하는 것은 늘 현실성 있는 선택권으로 양쪽 모두 길고도 성가신 법적 다툼을 피할 수 있다.

만약 어떤 자가 황무지를 경작할 수 있는 농지로 개간해서 땅주인에게 되돌려주면, 그 주인은 그 땅을 개간한 자에게 1년 치 수확분인 곡물 10가마니와 땅 10마지기를 지불해야 한다.

임차 관계를 개선할 수 있는 상당히 합리적인 방법이긴 해도, 땅주인들에게 인기를 얻진 못할 것이다.

이제는 '솔로몬의 지혜'를 갖고 있다는 표현이 식상해지고 말았지만, 그가 현명하고 영리한 통치자였다는 사실엔 변함이 없다. 그는 전통적인 부족 집단들의 경계를 횡단하는 새로운 행정 분할 체제를 확립함으로써 흩어진 이스라엘 부족들을 단일 국가로 통합시켰다. 그렇게 하여 부족들의 독립 가능성을 효율적으로 제거하면서 솔로몬 왕정의 절대 권력을 유지할 수 있었다.

강제적으로 통합한 백성들과 함께 솔로몬은 국가 내부의 적뿐만이 아니라 필리스틴인옛날 Palestine 서남부에 살며 이스라엘 사람을 괴롭힌 민족들처럼 이스라엘이 쉽게 점령할 수 있는 근처 외부의 적까지 섬멸하기 시작했다. 자국 내에서는 묘책을 짜내 적들을 전멸시키면서 군대를 초일류 수준으로

170

성장시켰지만, 솔로몬은 되도록이면 전쟁을 피했던 현명한 국왕이었다.

기존의 동맹국들과 장차 우방으로 만들려는 잠재적인 동맹국들 및 적국들과의 관계를 공고히 다지기 위해서 솔로몬은 표현 그대로 가족 관계를 맺었다. 열왕기상을 보면 그는 700명 이상의 아내와 300명 이상의 첩을 두었다.

당시 외교관이나 상인으로 예루살렘에 모여든 외국 방문객들의 수가 수백 명에 이르렀는데, 솔로몬은 도성 예루살렘 벽 밖의 이들이 숭배하는 이교도 신들을 위한 사당을 지어주었다. 이방인들은 사당을 보고 자신들이 예루살렘에서 환영받고 있다고 느꼈다.

솔로몬은 현명한 지도자이자 행정관이었던 것 외에도 대중이 다가가기 쉽고, 비범할 정도로 슬기로운 재판관이었다. 그리고 때로는 초월적인 힘의 경지를 보여주기도 했었다. 『아라비안나이트 Arabian Nights』에서 사악한 지니를 병에 가둔 사람은 바로 솔로몬이었다. 그러나 그는 겸손하여 자신의 지혜를 자기 자신이 아니라 신의 은총으로 돌렸다. 열왕기상 3장 9절에서 솔로몬은 이렇게 기도한다. '지혜로운 마음을 종에게 주사 주의 백성을 재판하여 선악을 분별하게 하옵소서.'

아래의 이야기 또한 열왕기상 3장의 내용인데, 아마 진실과 거짓을 판별해 내는 솔로몬의 지혜에 대한 예로서 가장 자주 인용되는 일화일 것이다. 이 이야기에 등장하는 여성들은 창녀들로 전통적인 유대 사회에서 추방당하는 존재였다는 점에 주목할 필요가 있다. 그러나 이들은 다른 사람도 아닌 솔로몬 왕을 대면하도록 허락받는다. 또한 이 사건에서 문제가 된 아기는 합법적으로 태어나지 못한 사생아라는 끔찍한 오명을 달고 있었지만, 솔로몬 왕은 그런 사실에 개의치 않는 모습을 보여준다. 그는 이 사건에서 여성의 도덕성이나 당시에 돌팔매질로 사형을 당하던 매춘 죄가 아닌 오직 민사 소송에 대한 공정한 판결을 내린다. 현대적인 주제별 제목 하에 이 이야기의 전문을 구약에 실린 그대로 본문에 인용했다.

민사 분쟁의 **해결**

열왕기상 3장

16 그 때에 창기 두 여자가 왕에게 와서 그 앞에 서며

17 한 여자는 말하되 내 주여 나와 이 여자가 한 집에서 사는데 내가 그와 함께 집에 있으며 해산하였더니

18 내가 해산한 지 사흘 만에 이 여자도 해산하고 우리가 함께 있었고 우리 둘 외에는 집에 다른 사람이 없었나이다

19 그런데 밤에 저 여자가 그의 아들 위에 누우므로 그의 아들이 죽으니

20 저가 밤중에 일어나서 이 여종이 내가 잠든 사이에 내 아들을 내 곁에서 가져다가 자기의 품에 누이고 자기의 죽은 아들을 내 품에 뉘었나이다

21 아침에 내가 내 아들을 젖 먹이려고 일어나 본즉 죽었기로 내가 아침에 자세히 보니 내가 낳은 아들이 아니더이다하매

22 다른 여자는 이르되 아니라 산 것은 내 아들이요 죽은 것은 네 아들이라 하고 이 여자는 이르되 아니라 죽은 것이 네 아들이요 산 것이 내 아들이라 하며 왕 앞에서 그와 같이 쟁론하는지라

23 왕이 이르되 이 여자는 말하기를 산 것은 내 아들이요 죽은 것은 네 아들이라 하고 저 여자는 말하기를 아니라 죽은 것이 네 아들이요 산 것이 내 아들이라 하는도다 하고

24 또 이르되 칼을 내게로 가져오라 하니 칼을 왕 앞으로 가져온지라

25 왕이 이르되 산 아이를 둘로 나누어 반은 이 여자에게 주고 반은 저 여자에게 주라

26 그 산 아들의 어머니 되는 여자가 그 아들을 위하여 마음이 불붙는 것 같아서 왕께 아뢰어 청하건대 내 주여 산 아이를 그에게 주시고 아무쪼록 죽이지 마옵소서 하되 다른 여자는 말하기를 내 것도 되게 말고 네 것도 되게 말고 나누게 하라 하는지라

27 왕이 대답하여 이르되 산 아이를 저 여자에게 주고 결코 죽이지 말라 저가 그의 어머니이니라 하매

28 온 이스라엘이 왕이 심리하여 판결함을 듣고 왕을 두려워하였으니 이는 하나님의 지혜가 그의 속에 있어 판결함을 봄이더라

솔로몬은 겉으로 드러내지 않으면서 여인들의 엄마로서의 자질 자체를 심사한 것이다. 생모라면 아기를 차지하는 것보다는 아기의 생명에 훨씬 더 큰 관심을 보일 것이다. 그리고 그런 여인이라면 생모가 아니더라도 당연히 아기를 키우기에 보다 적합할 것이다. 때로는 전문적으로 옳은 결

정보다 현명한 결정이 더 필요할 때가 있다.

사법적 지혜와 관련된 업적 외에 솔로몬은 잠언의 저자로 추정된다. 사업상 거래에 적용하기에 적합한 잠언 내용의 일부를 골라서 아래에 실었다. 인용된 구절들은 성경에 실린 순서가 아니라 본서의 주제에 맞게 임의적으로 분류한 순서를 따른다. 그러나 원문의 내용은 그대로이다.

상사 **다루기**

(17:11) 악한 자는 반역만 힘쓰나니 그러므로 그에게 잔인한 사자가 보냄을 입으리라.

문제를 일으키는 자는 자신도 같은 식의 보복을 당할 것을 각오해야 한다. 그러나 그 보복이 자신에게 돌아올 때는 더 끔찍할 것이다.

(26:4) 미련한 자의 어리석은 것을 따라 대답하지 말라 두렵건대 네가 그와 같을까 하노라

당신의 상사든 부하직원이든 간에 특히 흥분한 상태에서 부추김에 넘어가 이성을 잃지 않도록 조심하라. 그것은 현재의 나쁜 상황을 더욱 악화시킬 것이며, 결국 당신도 그들 못지않은 잘못을 저지르는 결과를 초래할

수 있다.

효율적인 **관리자 되기**

(8:11) 대저 지혜는 진주보다 나으므로 무릇 원하는 것을 이에 비교할 수 없음이니라

(11:29) 자기 집을 해롭게 하는 자의 소득은 바람이라 미련한 자는 마음이 지혜로운 자의 종이라.

사무실이나 회사 또는 가정에서 분란을 일으키지 말라. 그리고 그런 어리석은 짓을 하는 자들과는 관계를 끊어라.

(16:18) 교만은 패망의 선봉이요 거만한 마음은 넘어짐의 앞잡이니라

절대로 자기만족에 빠지지 말라. 스스로 견고하다고 생각하는 순간, 당신은 경계를 늦추게 될 것이다. 그러면 그 때 어디선가 굶주린 신흥 사업가가 나타나서 당신을 먹어치울 것이다.

(18:13) 사연을 듣기 전에 대답하는 자는 미련하여 욕을 당하느니라

어떤 사실을 미리 속단하거나 가정하지 말라. 직접 증명할 수 없다면 떠돌아다니는 두려운 소문은 소문에 불과할 가능성이 크다. 만약 그 소문을 더럭 믿고 잔뜩 겁을 먹는다면 진의 여부가 밝혀졌을 때 당황하게 될 것이다. 근거 없는 소문을 믿고 경거망동 하다가 추후에 심각한 문제를 겪게 될 수 있다.

[22:3] 슬기로운 자는 재앙을 보면 숨어 피하여도 어리석은 자는 나아가다가 해를 받느니라

바로 위의 구절과는 모순되긴 해도 이 또한 맞는 말이다. 사업의 세계에서 살아남으려면 반드시 자신의 '직감'을 제대로 읽는 능력을 갖추어야 한다. 이것은 승자들이 남들보다 한 발 앞서 갈 수 있는 능력이다.

[22:28] 네 선조의 세운 옛 지계석을 옮기지 말찌니라

1960년대 후반부터 1980년대 말에 이르기까지 실업계의 기본 신조 중의 하나는 '변화를 위한 변화'였던 것 같다. 그러나 그 시대의 희생양들은 물론이고 생존자들조차 당시의 성급한 행동에 대해서 후회하고 있다. 당시의 업계 종사자들이 승진하고, 퇴직하고, 사망하면서 약 20년의 세월이 흐른 지금, 이 교훈은 사람들의 뇌리에서 쉽게 잊혀지고 있다. 매우 안타까운 일이다.

(24:28) 너는 까닭 없이 네 이웃을 쳐서 증인이 되지 말며 네 입술로 속이지 말찌니라

남을 헐뜯거나 거짓을 말하지 말라. 꼬리가 길면 잡힌다는 속담이 있다. 인간의 기억력은 한계가 있기 때문에 매번 거짓말로 요리조리 피해나 갈 수는 없을 것이다.

(29:18) 묵시가 없으면 백성이 방자히 행하거니와 율법을 지키는 자는 복이 있느니라

성공하려면 반드시 통찰력과 선견지명이 있어야 한다. 대부분의 사람들은 위기가 닥치면 어쩔 수 없이 겪으면서 그럭저럭 인생을 꾸려나간다. 진정한 통찰력이 있는 자는 경쟁자보다 크게 앞서 나갈 수 있다.

중간 경영진 **다루기**

(22:29) 네가 자기 사업에 근실한 사람을 보았느냐 이러한 사람은 왕 앞에 설 것이요 천한 자 앞에 서지 아니하리라

인간은 근면함으로 아주 특별한 집단의 일원이 되면서 자신의 격조를 높일 수 있다. 중간 경영진 중에서 누구든 멋지게 일을 해내면 포상을 해

주어라.

(3:27) 네 손이 선을 베풀 힘이 있거든 마땅히 받을 자에게 베풀기를 아끼지 말며

가능할 때마다 당신의 사람들에게 개인적으로 답례를 하라. 당신이 직접 하는 칭찬 한 마디가 담당 부서에서 주는 상보다 해당 직원의 사기를 더욱 크게 진작시킬 수 있다.

(11:14) 도략이 없으면 백성이 망하여도 모사가 많으면 평온을 누리느니라

당신의 인력들은 자신들이 해야 할 일을 항상 알고 있고 그에 타당한 지시를 받아야 한다. 관리자들 역시 각자의 임무와 지시사항을 제대로 알고 있어야 하며 양자는 서로 간에 합의된 절차를 통해 지시를 주고받아야 한다. 상충하는 명령은 직원들의 불평을 초래하는 가장 흔한 요인이 된다.

(14:17) 노하기를 속히 하는 자는 어리석은 일을 행하고 악한 계교를 꾀하는 자는 미움을 받느니라

자신의 감정을 통제하지 못하는 사람들은 악평을 얻게 될 것이며, 대다

수는 그런 사람과 함께 일하고 싶어하지 않을 것이다. 그러다보면 순식간에 정보망에서 소외되어 결국 직장을 떠나게 될 것이다.

(14:29) 노하기를 더디 하는 자는 크게 명철하여도 마음이 조급한 자는 어리석음을 나타내느니라

이 구절은 바로 앞의 내용에 대한 확장이라고 볼 수 있다. 사소한 실수를 갖고 남을 호되게 꾸짖는 사람은 문제를 해결하는 게 아니라 더 큰 문제를 초래하는 것이다.

(15:1) 유순한 대답은 분노를 쉬게 하여도 과격한 말은 노를 격동하느니라

설명이 필요 없는 구절이다. 상사들은 부하 직원들을 심하게 호통 치는 행위를 삼가야 한다. 직원들이 설사 잘못을 했다 하더라도 윽박지르기보다는 차분하고 이성적으로 대하는 것이 그들을 보다 긍정적으로 발전시킨다.

(23:13) 아이를 훈계하지 아니치 말라 채찍으로 그를 때릴지라도 죽지 아니하리라

이 구절 역시 분명한 진실을 담고 있다. 필요시에는 망설이지 말고 직

원들을 엄격하게 징계해야 한다. 그런다고 해서 당신은 직원들을 죽이는 게 아니다. 그런 엄격함을 통해서 직원들은 무언가를 배울 것이고, 그로써 당신의 권위는 강화될 것이다.

(25:19) 환난 날에 진실치 못한 자를 의뢰하는 것은 부러진 이와 위골된 발 같으니라

쑥덕공론을 일삼는 자들이나 당신을 뒤에서 밀어주는 염탐꾼들을 믿지 말라. 그런 자들은 당신이 도움을 필요로 할 때는 사라지고 없을 것이다.

(26:6) 미련한 자 편에 기별하는 것은 자기의 발을 베어 버림이라 해를 받느니라

부연설명이 필요 없는 구절이다.

(26:11) 개가 그 토한 것을 도로 먹는 것 같이 미련한 자는 그 미련한 것을 거듭 행하느니라

사실상 위의 여러 절들과 연속선상에 있는 조언이다. 게으른데다가, 남을 기만하며, 부정직한 행동 양식이 몸에 밴 사람은 계속해서 그런 행위를 반복할 가능성이 크다. 그런 직원들을 엄중히 감시하라.

(28:13) 자기의 죄를 숨기는 자는 형통치 못하나 죄를 자복하고 버리는 자는 불쌍히 여김을 받으리라

인간은 때로는 실수로 어리석은 일을 벌이기도 한다. 당신의 부하직원이 그랬다면 그의 면전에서 증거를 제시하라. 그가 정직하게 자신의 잘못을 인정하면, 가능한 한 합리적인 방법으로 무마해 준다. 만약 변명을 둘러대면서 제 살 길을 찾으려 한다면, 그런 자는 경계해야 한다. 당신은 그자 때문에 장차 감당하기 힘든 훨씬 큰 문제를 겪게 될 수도 있다.

(29:20) 네가 언어에 조급한 사람을 보느냐 그보다 미련한 자에게 오히려 바랄 것이 있느니라

'욱하는 성격이다.' 라든가 '사리분별력이 부족하다.' 는 말들이 당신의 경영진들을 지칭하는 표현이 되어서는 안 될 것이다.

직원들 다루기

(3:31) 포학한 자를 부러워하지 말며 그 아무 행위든지 좇지 말라

권력을 남용하는 모습은 겉으로는 무척 근사해 보일지도 모르나 사실 권력의 횡포는 악마와의 거래 같아서 필연적으로 재앙을 불러 온다.

(18:9) 자기의 일을 게을리 하는 자는 패가하는 자의 형제니라

의욕이 없거나 천성이 나태한 직원들은 급속도로 동료들에게 나쁜 영향을 끼친다. 누구나 그런 자들을 욕하면서도 직원들 중 다수는 그의 불량한 행실을 따라할 것이다. 사람들은 누군가 무성의한 태도로 일하면서 그럭저럭 잘 넘어가는 것을 보면 자신이 그렇게 해도 별 탈 없을 거라고 생각하기 때문이다. 그런 직원들은 당신에게 경제적 손실을 입힌다. 불량한 직원들은 적절한 조처로 다스려야 한다.

(19:5) 거짓 증인은 벌을 면치 못할 것이요 거짓말을 하는 자도 피치 못하리라

거짓말과 악의적인 험담은 회사가 인수 합병되는 절박한 상황 다음으로 근무 환경에 악감정을 유발할 수 있는 요인이다. 만약 험담이나 풍문이 돌고 있는 낌새가 보이면 빨리 잠재우고 범인을 신속하고 확실한 방법으로 조처하라.

(26:24) 감정 있는 자는 입술로는 꾸미고 속에는 궤휼을 품나니

늘 불만을 품고 있는 직원은 언젠가 사고뭉치가 되기 마련이다. 그런 자는 다른 직원들에게서 떼어 놓던가 해고하거나 또는 그에게 적합한 다른 부서가 있으면 그리로 전근을 보내라. 그래야만 차후에 당신에게 돌아

올 후한을 막을 수 있다.

(27:23) 네 양 떼의 형편을 부지런히 살피며 네 소 떼에 마음을 두라

당신이 관리하는 사람들, 즉, 중간 관리자들과 직원들을 잘 돌보아 주어라. 그들의 이름과 배우자, 자녀들의 이름까지 알아 두면 좋은 관계를 유지하는 데 큰 도움이 될 것이다. 그런 자상한 마음 씀씀이는 비용도 전혀 들지 않는 일이다.

사업 동료 **다루기**

(10:18) 미움을 감추는 자는 거짓된 입술을 가진 자요 험담을 내 뱉는 자는 우둔한 자이니라

위선자와 남의 뒷말을 하고 다니는 자들을 경계하라. 남에게 위선을 떨거나 남의 험담을 하는 자는 분명 당신에게도 마찬가지의 행동을 할 것이다.

(11:13) 두루 다니며 한담하는 자는 남의 비밀을 누설하나 마음이 신실한 자는 그런 것을 숨기느니라

당신에게 내부 정보를 제공하는 자를 신뢰하지 말라. 그는 이미 누군가의 신뢰를 져버린 사람이기 때문에 당신에게 등을 돌리지 않을 것이라는 보장도 없다. 누군가 당신에게 정보를 주지 않는다고 해서 그 자가 그 정보를 독점하려 한다거나 당신을 경계하는 것이라고 비난하지 말라. 그는 단지 도덕규범이 확고한 사람일 것이다. 적어도 당신은 그가 당신에 대한 정보를 다른 누군가에게 발설할까봐 노심초사하지 않아도 될 것이다.

[13:3] 입을 지키는 자는 그 생명을 보존하나 입술을 크게 벌리는 자에게는 멸망이 오느니라

'신중은 용기의 태반이다' 라는 격언이 있다. 다시 말해 용기에 앞서 신중을 기하지 못하면 만용이라는 의미다. 그러니 입이 가벼운 사람들과 상종하지 말라.

[22:7] 부자는 가난한 자를 주관하고 빚진 자는 채주의 종이 되느니라

회사 상사가 회사 밖에서도 당신에게 상사 대접을 받는 것처럼 당신의 주머니 사정에 직접적으로 관여하는 자가 결국 당신을 통제하게 된다. 어쩔 수 없이 빚을 지는 경우도 있겠지만, 빚을 옹호하는 LBO식 기업매수^매수 예정 회사의 자본을 담보로 한 차입금에 의한 기업 매수의 대가들의 주장과는 달리 빚은 절대 당신의 친구가 될 수 없다.

(22:24) 노를 품는 자와 사귀지 말며 울분한 자와 동행하지 말찌니

(24:1-2) 너는 악인의 형통을 부러워하지 말며 그와 함께 있기도 원하지 말찌어다. 그들의 마음은 강포를 품고 그들의 입술은 잔해를 말함이니라

파렴치한 무뢰한들이 당신을 밀어 제치고 앞서 나아간다고 크게 심려치 말라. 그런 악인들을 결코 따라 잡진 못하더라도, 적어도 당신은 그들이 쫓아 올까봐 불안해하면서 뒤 돌아보느라 인생을 허비하진 않아도 될 것이다.

(25:17) 너는 이웃집에 자주 다니지 말라 그가 너무 싫어하며 미워할까 두려우니라.

다른 회사의 내부 규정이든 업무상 관련된 일이든 간에 다른 사람의 일에 간섭하지 말라. 참견은 발전보다 불화의 소지가 많다.

(25:28) 자기의 마음을 제어하지 아니하는 자는 성읍이 무너지고 성벽이 없는 것 같으니라.

요주의 인물들을 늘 경계하라. 그들을 막을 방패는 없다.

(27:6) 친구의 아픈 책망은 충성에서 말미암은 것이나 원수의 잦은 입맞춤은 거짓에서 난 것이다.

당신이 언제 어떤 잘못을 했다고 직접 지적해주는 벗의 조언은, 듣는 당시에는 언짢더라도 칭찬으로 당신을 점점 더 그릇된 길로 이끄는 자들의 사탕발림보다 훨씬 유익하다. 자신이 아끼는 사람들에게 따끔한 충고를 해줌으로써 잘못을 바로잡아 주는 것은, 실천하기는 어렵지만 당신이 진정한 친구라면 반드시 해야 할 일이다.

(28:10) 정직한 자를 악한 길로 유인하는 자는 스스로 자기 함정에 빠져도 성실한 자는 복을 얻느니라.

아첨은 마약 같아서 들으면 들을수록 점점 더 원하게 된다. 그러나 모든 마약들이 그렇듯 아첨 역시 값비싼 대가가 따르며, 결국 당신의 판단력은 흐려지게 될 것이다.

경쟁자 다루기

(22:16) 이를 얻으려고 가난한 자를 학대하는 자와 부자에게 주는 자는 가난하여질 뿐이니라.

다른 사람의 사업이 취약하다는 이유만으로 그의 사업을 이용하지 말라. 그런 방법으로 당신은 돈을 벌기는 하겠지만 동시에 불량배라는 악평을 얻게 될 것이고, 종국에는 한때 당신의 사업적인 안목을 존경했던 사람들조차 당신을 피하기 시작할 것이다.

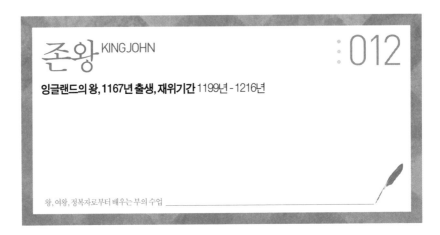

존 왕은 영국 역사상 가장 악명이 높았던 왕들 중 한 명이었지만, 개인적으로는 수수께끼 같은 인물로 남아있다. 그의 치세 기간 동안 국가뿐만 아니라 그 자신도 불행한 시절을 보냈다는 데에는 거의 의심의 여지가 없다. 고집 세고 거만했던 존의 어머니 애퀴테인의 엘리노어 왕후는 그를 '변덕스럽다' 고 했고, 존의 군 고문이었던 윌리엄 마샬은 그가 말랑말랑한 '밀랍 심장' 을 갖고 있다고 말했다. 그 외의 표현들은 더 심한 악평들이다.

존은 1189년 왕으로서가 아니라 그의 형 사자심왕 리차드 1세의 대행자로서 처음 즉위하였다. 리차드 1세는 10년 치세 기간의 대부분을 유럽과 팔레스타인 성지를 종횡무진하면서 전쟁으로 보냈다. 그 때문에 존은 강력한 실권도 없는 상태에서 형의 전쟁 원정에 필요한 군비를 마련하느라 귀족들의 기강을 잡고 끊임없이 세금을 거두어야 했었다. 그가 로빈 후드의 전설에서 묘사된 대로 실제로 잔인했었다면 아마 국가를 더 잘 이끌었을 것이다. 그러나 존은 귀족들 각자와 내용이 각기 다르고 상반되는 거래를 맺으면서 이들을 집단이 아니라 개인으로서 다루어 보려고 하였다.

당연히 그는 지킬 수도 없고 지키지도 않을 약속을 하는 왕으로 귀족들에게 인식되었다. 아마도 그는 강력한 지도력이 있는 왕이면서 백성들의 사랑을 받는 왕이 되고 싶었던 것 같다. 군주에게 이 두 가지 속성은 사실상 양립불가하다는 것을 그는 깨닫지 못했다. 서로 다른 시기에 다른 귀족들에게 다른 사항들을 보장해 줌으로써 그는 결국 모두의 불신을 자초한 것이다.

1199년 리처드 1세의 사망으로 합법적인 왕이 된 존은 약화된 군주의 힘을 강화시키는 법제를 통과시켰다. 제멋대로이던 기존의 생활양식을 잃게 될 위기에 처한 귀족들은 반란을 일으키겠다고 위협했고, 너무나 많은 적을 상대해야 했던 왕은 한 발 물러서고야 만다. 1215년 일련의 협상이 서둘러 진행되는데 여기서 왕과 귀족들은 영국 왕의 통치방식을 영원히 바꾸게 될 대강의 합의 사항을 이끌어 냈다. 그 협약이 바로 '대헌장 마그나 카르타' 이다. 사실상 이것은 세계 최초의 합법적인 권리 보장이다.

여기서의 가장 큰 교훈은 존 왕의 결함 있는 삶에서 찾을 수 있다. 이행 못할 약속이나 승인을 남발하면서 권위를 세우려 하지 말라는 것이다. 그러다 보면 결국 권위를 박탈당하게 된다.

아래에 실린 내용들은 오늘날의 사업적 현실에서 실제로 적용 가능한 부분들을 대헌장에서 추려서 인용한 것이다. 명료하고 일관된 흐름을 위해 인용문들을 본서의 주제별 제목에 맞추어 편집하고 재배열하였다.

서문

신의 은총에 의해 잉글랜드의 국왕이자 아일랜드의 군주, 노르망디 및 애퀴테인의 공작, 앙주 백작인 나 존은 여러 대주교와 주교, 교구장, 백작, 남작, 재판관, 엽림관, 주장관, 현령, 관리 및 모든 대관과 아울러 충성된 백성들에게 인사를 드린다.

존은 귀족들의 강압 하에서 대헌장에 서명을 하면서도 자신의 직함을 빠짐없이 언급함으로써 여전히 영국의 국왕은 자신임을 강조한다. 그 다음에는 왕의 편에서 또는 왕의 반대편에서 헌장을 문서화하는 일에 일조한 27명을 나열하는 것으로 이어진다. 그들의 이름을 이 혁명적인 문서에 공공연하게 기재한 데에는 두 가지 목적이 있다. '새로운 질서 체계'인 이 문서에서 그들의 중요성을 분명히 하는 동시에, 새 법제의 집행에서부터 그와 관련되어 발생하는 제반 문제들에 이르기까지의 책임과 의무를 그들에게 지운 것이다.

경영자와 근로자의 권리 그리고 책임들

　우선 본 헌장으로써 신 앞에 밝히고 짐과 짐의 영구한 후계자들을 위하여 보장하는 바, 잉글랜드의 교회는 자유롭고, 교회가 이미 갖고 있는 권리는 그대로 유지될 것이며, 현재 누리는 자유는 침해불가하다. 짐은 모든 잉글랜드 국민이 영원토록 이 헌장을 준수하기를 바란다. 본 헌장은 짐과 남작들 간의 분란이 가시화되기 전에 우리의 자의에 의해서 잉글랜드 교회에서 가장 필요하고도 중요한 선거의 자유에 대한 보장을 확인하는 문서이자, 교황 이노센트 3세의 비준을 받는 것이다. 짐은 본 헌장을 준수할 것이며, 짐의 영속적인 후계자들도 이를 성실하게 이행하길 바란다. 또한 짐은 짐과 짐의 후계자들을 위하여 잉글랜드의 모든 자유민에게 다음과 같은 자유를 부여하니, 짐과 짐의 후계자들에 의해서 이를 보장받을 것이다.

　이 조항은 교회의 자유에 대한 보장으로 오늘날 종교의 자유를 보장하고 소수자 차별을 금지하는 법에 대한 중세적 등가물이다. 대개 이런 내용들이 회사의 주요 정책으로서 다루어지고 있진 않지만 훌륭한 홍보 내용인 것은 분명하다. 위의 내용은 개인적인 편견을 금한다는 확실한 보장은 아니더라도 최소한 제도화하지는 않겠다는 보장을 해준 것이다.

　교회는 항상 성직 위계 제도에 대한 독자적인 선거권을 주장해왔다. 마찬가지로 노동자 조직과 조합은 자신들의 선거가 기업에 의해 통제 당하거나 외압을 받지 않는다는 점을 보장받아야 할 것이다.

마지막 문장에서는 본 법령이 영속적이며 누구든 위반해서는 안 된다고 분명히 못 박았다. 분명 영원한 것은 없지만 영원하리라 믿는 심리적 안정감을 주는 것이다. 사실 이것은 기분을 좋게 해주는 요소에 불과하겠지만 긍정적인 중압감으로 작용할 것이다.

미성년 상속인의 토지 후견인은 토지의 관리에 대한 타당한 수익과 관세 및 역무를 요구할 수 있다. 아울러 그는 관리를 행함에 있어 사람이나 물건을 파괴하거나 손상시키지 말아야 한다. 만일 짐이 상기 토지의 후견권을 제 3자에게 증여나 매각한 경우, 그가 후견해야 할 토지를 파괴하거나 손상시키면 그는 후견권을 상실하게 될 것이다. 그리고 짐의 판단으로 동일한 봉토 내에서 적법하고 총명한 자 두 명을 선발하여 그들에게 후견을 이전시킨다.

토지의 후견권을 보유한 후견인은 가옥과 사냥터, 양어장, 연못, 물레방앗간 및 기타 부속물을 그 토지 자체에서 발생한 수익으로 유지해야 할 것이다.

이 조항들은 중간 경영진의 권리와 책임에 대해 논한 것으로 본문에서는 농부들을 관리하는 남작들과 귀족들에 해당된다. 중간 관리자들이 자신의 통제권을 이용해서 사람들을 학대하거나 공공 재산을 남용하는 행위는 엄격히 금지해야 하며, 월권행위를 했을 때는 개인적인 책임을 져야 한다. 아울러 이 두 조항은 미래의 근로자들이 공정한 대우를 받고 장래의 소득원에 대해 사기를 당하지 않도록 감독할 책임을 중간 관리자들에게 부여한 것이다. 미래의 꿈나무들은 항상 더 성장할 수 있도록 보호받아야 한다.

세금의 부과와 관련하여 왕국의 일반평의회를 개최하고자 할 때에는 짐이 서명한 개별의 칙서로 대주교, 주교, 교구장, 백작과 대남작들을 소집한다. 짐으로부터 직접 봉토를 받은 자들 전원에게 주장과 대관을 통해 소환장을 발의해서 최소 40일의 여유 기간을 두고 정한 날짜에 정한 장소로 소집한다. 모든 소환장에는 소환의 이유를 명시한다. 이렇게 하여 일반평의회가 소집된 경우, 소환된 자 전원이 참석하지 않더라도 그 날로 정해진 안건들은 출석자들의 합의에 따라 진행될 것이다.

여기서는 어떤 정책적 변화도 고문과 주주, 중간 경영진에게 통보하지 않고는 시행할 수 없다는 것을 보장한다. 이로써 회사를 매일 운영하여 이끌어가는 책임자들은 자신들이 '중추적인 존재' 라는 정서적 안정감을 얻을 수 있을 것이다. 또한 앞으로 시행될 정책적 변화를 미리 알려주어야 차후에 검토 중인 정책 변화에 대해 몰랐다는 변명이 나오지 않을 것이다.

짐은 장차 어느 누구에게도 자유민으로부터 상납금을 징수하는 것을 허용하지 않는다. 그러나 그의 몸값을 지불하기 위해서나, 그의 장남을 기사로 만들기 위해서, 또는 그의 장녀를 혼인시키기 위한 경우에는 타당한 범위 내에서 징수하는 것을 허용한다.

이것은 바로 위의 내용에 대한 확장으로 중간 경영진은 도를 넘지 말라는 것이다. 또한 중간 경영진이 기업 총수가 승인한 권한의 범위를 초월하는 규정을 만들거나 회사 정책과 위배되는 행동하는 것을 금한다는 내용이다.

성주나 기타의 대관은 매도자에게 돈을 지불하고 구입한 경우거나 또는 매도자의 의사에 의해 지불유예를 허락 받은 경우가 아니면, 다른 사람의 곡물이나 가재를 취할 수 없다.

주장이나 대관 또는 그 밖의 어느 누구도 자유민의 의사에 반해서 그의 말이나 마차를 운송 수단으로 징발할 수 없다.

짐이나 짐의 대관은 재목 소유자의 의사에 반해서 성이나 기타 개인적인 용도로 타인의 재목을 징발할 수 없다.

위의 세 조항은 사적 재산이나 개인의 노동의 산물이 타인에 의해 침해받지 않도록 보호해 주는 조처들이다. 특히 요즘 들어 자주 분쟁의 대상이 되는 지적 재산 소유권과도 연관성이 크다. 자신의 시간과 노동력을 투자해서 얻은 결실은 당사자의 몫이라는 얘기다.

짐은 왕국의 법에 능통하고 이를 정의롭게 준봉할 의사가 있는 자가 아니면 재판관, 성주, 주장, 또는 대관으로 임명하지 않는다.

적합한 자격을 갖춘 자만 관리자나 감독관으로 임명하겠다는 내용이다. 특히 새로운 경영진이 회사의 경영을 인수받은 상황에서는 근로자들 사이에서 족벌주의나 외부인 영입에 따른 우려가 일수밖에 없다. 외부 인사들은 실제로 부적합한 자들은 아닐지라도 적어도 기존의 업무 처리 관행에는 익숙하지않을 것이다.

또한 짐은 평화를 되찾은 즉시 말과 무기를 가져와 왕국에 해를 끼친 타국의 기사, 석궁 사수, 하수인 및 용병을 왕국에서 추방할 것이다.

위의 단락과 마찬가지로 특히 이 조항은 외부인 영입에 대한 것이다. 그러나 여기서의 대상은 정규직 관리자가 아니라 임시로 고용된 관리자들이다. 이들이 회사에 체류한다는 것은 곧 대대적인 '숙청'을 의미하는 경우가 많다. 여러 유능한 전문가나 경영 컨설턴트를 비롯해 기타 외부 인력들은 불필요한 자리를 없애고 근무 환경을 개선한다는 목적으로 종종 영입되는 것 같다. 한편으로 외부 인력을 끌어들이는 것은 기존의 경영진이 회사를 제대로 관리하지 못했다는 뜻이기도 하나, 결국 사태가 더욱 꼬일 수도 있다.

민사 분쟁 **해결**

심리는 각 주 재판소에서 행한다. 짐이 직접 또는 짐이 왕국 밖에 있을 때는 짐의 최고재판관이 각 주에 2명의 재판관을 1년에 4번 파견하고, 이들은 해당 주의 주민들에 의해 선출된 4명의 기사와 함께 지정 장소에서 지정 일에 재판을 연다.

개인적인 불평을 처리하게 될 정기적인 중재 체제를 확립하는 조항이다. 또한 민사 문제를 다룰 청문회를 특정 기간에만 개정하도록 정해 놓음으로써, 꼭 필요한 경우에만 열려야 하는 중재 위원회와 조사단을 시도 때도 없이 소집하는 소동을 막는다는 내용이다.

짐은 신을 위하여, 짐의 왕국의 발전을 위하여 그리고 짐과 남작들 사이에서 발생한 불화를 미연에 해결하기 위하여, 전술한 모든 사항을 승인한다. 아울러 짐의 시민들이 왕국의 평화를 영구히 향유하길 바라면서 다음의 보증 제도를 확립하고 보장한다.
남작들은 평화와 이 대헌장으로써 짐이 남작들에게 허용하고 확인한 여러 특례 조항들을 최선을 다해 준수하고, 보존하고, 준수시킬 의무를 지닌 25명의 남작을 선출한다.

중재 위원회의 성격을 설명하는 조항이다. 당시의 중재 위원들은 전원 귀족 출신이었지만 현대에는 중간 경영진과 근로자들 중에서 선발해야 할 것이다. 항상 고위 경영진들은 회사에서 법을 집행하는 위치로부터 벗어나 있는 것이 가장 바람직하다. 그러면 적어도 중재위의 결정이 환영받지 못할 경우 직접적인 원망의 대상이 될 염려는 없을 것이다. 한편 중재 위원회가 호평을 받으면 최고 경영진은 위원회 설립의 공을 차지할 수 있게 된다.

백작과 남작은 동료에 의해서만 그리고 오직 위법 행위의 정도에 의거하여 판결 받는다.

여기서는 회사나 직원들에 대한 위법행위로 고발된 중간 경영진은 누구의 심판을 받아야 할지에 대한 논쟁적인 문제를 다루어 보자. 마그나카르타 대헌장을 작성한 장본인은 주로 남작들이었기 때문에 이들은 일반 법정에서 받는 재판으로부터 보호받았다. 그러나 경영진에 대한 징계 처분을 내릴 때 평사원 대표들이 발언권을 가져야 하는지의 여부를 결론짓기는 여간 어려운 일이 아니다.

짐에 의하여 그리고 왕국의 법에 반하여 부당하게 부과된 모든 벌금과 왕국의 법에 반하여 부당하게 부과된 모든 특별 벌금들은 완전 면제되거나 평화의 보증인으로 선출된 25명의 남작들의 판결에 따른다. 또는 전술한 캔터베리 대주교 스테판이 출석할 수 있으면 그를 참석시키고, 아울러 그가 이 목적으로 동참시키고자 하는 사람들도 함께 참석시켜서 남작들 과반수와 함께 판결을 내린다. 대주교가 참석할 수 없으면 그를 배제하고 재판을 진행한다. 만약 전술한 25명의 남작들 중 한 명 또는 그 이상이 유사 분쟁의 당사자이면, 이 재판에서 그는 제외된다. 그리고 전술한 25명 중 남은 자들이 당해 재판을 위해서 선출한 자가 선서를 하고 그를 대신할 것이다.

이것은 모든 중재 위원회 및 청문회가 과거의 부당행위들을 바로잡는 문제에서조차 일관되고 철저하게 공정해야 한다는 것을 보장하는 내용이다. 마지막 문장에서는 이해관계가 충돌하는 경우를 다루고 있다. 즉, 심리를 받는 자의 위반내용과 유사한 행위로 고발된 중재위원은 누구든 법적 절차 과정에서 제외된다는 것이다.

대관은 신빙할 만한 증인이 없으면 자신의 진술만을 근거로 어느 누구든 재판할 수 없다.

악의적인 험담을 통제하는 것은 항상 풀기 힘든 과제이다. 아무도 증거 없이는 징계 위원회에 회부할 수 없다는 것을 보장함으로써, 비록 파괴적인 위력을 지닌 험담을 완전히 뿌리 뽑진 못하더라도 최소한 통제는 가능할 것이다.

짐은 누구에게도 사법권을 팔지 않을 것이며 누구에게도 이를 거부하거나 지연시키지 않을 것이다.

사회적 지위가 높은 사람들은 위법 행위를 하더라도 보통 사람들에 비해 특혜를 받는다는 것은 예나 지금이나 안타까운 일이 아닐 수 없다. 평직원들이 최고 경영진을 신뢰하려면 똑같은 잘못을 저질렀을 때 그들이 자신들보다 약한 처벌을 받으리라는 의심이 조금도 들어서는 안 된다.

재정적 **대처**

자유인이 경범죄를 범한 경우 그 죄의 경미함에 따라 벌금을 부과하고, 중죄의 경우 그 죄의 막중함에 따라 벌금을 부과하나 생계유지에 필요한 재산은 벌금의 대상에서 제외한다. 따라서 상기의 죄인들이 자진해서 신체와 재산을 짐의 처분에 맡기는 경우, 상인은 자신의 물품을, 농부는 농기구를 면제 받을 것이다. 아울러 전술한 벌금을 부과하려면 반드시 지역의 명망 있는 자들의 선서가 있어야 한다.

이 조항의 보호를 받는다면, 어떤 상황 하에서도 생계가 파탄날 정도의 빚이나 벌금 때문에 극심한 곤란을 겪는 일은 없을 것이다. 자신의 생계 수단을 담보로 대출을 받는 사람들이 의외로 많다. 이것은 그런 상황을 자초하지 말라는 경고이자, 채무 내용을 이행하지 않으면 파산시키는 조건으로 타인에게 빚을 지워서도 안 된다는 경고이다.

짐과 짐의 대관은 채무자가 채무를 변제할 수 있는 동산을 갖고 있는 한 채무를 이유로 토지나 그 산출물을 압류하지 않는다. 또한 채무자가 채무를 변제할 수단이 있는 한 보증인의 재산을 압류하지 않는다. 채무자가 재산이 없어서 채무를 변제할 수 없으면 보증인이 그 채무에 대해 책임을 진다. 채무자가 보증인에 대해 면책됨을 증명하지 못한 경우, 보증인이 원하면 채무자를 대신한 채무변제에 대한 보상을 받을 때까지 채무자의 토지와 산출물을 압류할 수 있다.

바로 위의 조항과 유사하게 여기서는 채무를 해결할 수 없는 채무자에게 허용되는 압력 행사의 정도와 대출 담보물에 대해서 다루고 있다. 그리고 그 해결책으로 채무를 탕감할 때까지 토지와 사업 자산을 일시적으로 차압하는 방법을 제시하였다.

만약 어떤 자가 돈을 빌리고 상환하지 못한 채 사망한 경우, 그의 상속인은 누구의 명의로 된 땅을 소유하는가를 불문하고 성년이 될 때까지 채무에 대한 이자를 물지 않는다. 만약 그 채무증서가 짐에게 돌아오면, 짐은 문서에 기재된 원금 외에는 아무것도 받지 않는다.

여기서 다시 한 번 채무자를 파산으로부터 보호하기 위한 현실적인 조처를 제안하고 있다. 이 조항에서의 채무자는 빚을 상속받은 자로 상속받은 빚에 대한 해결책이 놀라울 정도로 공정하다. 미불 이자는 원래의 채무자의 사망과 함께 소멸되는 것으로 간주하고 총 대출액 중 남은 금액만을 징수한다는 것이다.

자회사 경영하기

런던시는 모든 고전적 자유를 향유할 것이며, 육로 및 해로를 불문하고 관세를 면제한다. 아울러 짐은 기타 모든 시와 읍, 면, 항구가 모든 자유와 관세 면제 혜택을 누리도록 허용한다.

사실 이 조항은 새로운 집행부가 출범하면서 회사의 경영을 맡게 되더라도 계열사나 자회사의 운영에 불리하게 작용하게 될 정책적 변화는 없을 것이라는 점을 보장해 준 것과 같다. 무리가 없는 한 단독 투자 회사들이나 자회사들이 전통적인 기존의 운영 방식을 유지하도록 허용하는 것은 바람직한 정책이다. 새로운 소유주나 본사의 경영진이 이윤의 창출을 목적으로 그들의 사업이나 능력에 간섭하지 않을 것임을 재차 확인해 주는 조항으로 볼 수 있다.

어느 누구도 기사의 작위나 기타 자유로운 봉토를 보유하는 대가로 그에 수반되는 적절한 정도 이상의 역무를 강요받지 않는다.

이것은 토지나 귀족의 작위를 실제적인 가치 이상으로 매수하는 것을 막기 위하여 고안된 법제로 전반적인 사업 거래에서 적용 가능할 뿐만 아니라 당연히 적용되어야 한다. 아울러 사업체는 담보물의 가치 이상으로 무리한 빚을 끌어들여서는 절대로 안 된다. 거물급 인수를 행하는 흥미로운 방법들에 대해 무지하면 이런 조언이 허튼 소리처럼 들리겠지만, 잘 나가던 사업체들이 무거운 채무 부담을 견디지 못해서 주주의 이익을 위한다는 명목으로 서서히 매각된 사례는 너무도 많다.

짐이 웨일즈인들의 토지, 자유 또는 기타의 것을 그들의 적법한 판결 없이 박탈하면, 잉글랜드 지역이든 웨일즈 지역이든 지역을 불문하고 즉시 반환한다. 또한 이에 관한 분쟁이 발생하면 그들의 판결에 따라서 조처를 취한다. 잉글랜드 소유의 재산은 잉글랜드 법을 따르고, 웨일즈 소유의 재산은 웨일즈 법을 따른다. 웨일즈인들도 짐과 짐의 신민에 대하여 동일한 대우를 해야 한다.

웨일즈를 잉글랜드의 자회사로 가정해 보면, 이 법제는 자회사의 지사가 자회사의 정책을 스스로 결정할 수 있도록 보장한다는 흥미로운 내용이다. 아울러 자회사들에게 파급될 영향력 때문에 논란의 여지가 있는 회사 정책은 본사가 아닌 그들의 규정과 관습에 따라 해결한다는 것이다.

결론

아울러 왕국의 전 신민은 누구든 성직자와 평신도를 불문하고, 짐의 신민으로서 준수해야 할 의무를 정한 상기의 모든 관습들과 허용된 자유를, 그와 그의 봉신들과의 관계에서 준수한다.

회사에서의 지위 고하를 막론하고 누구나 평등하게 회사법을 준수해야 한다는 내용이다.

이와 같이 짐은 잉글랜드의 교회는 자유롭고, 왕국의 신민들은 그들 자신과 후손들을 위하여 전술한 모든 자유와 권리 및 양해 사항들을, 짐과 짐의 후계자로부터 올바르고도 평화롭게, 자유롭고도 평온하게, 완전하고도 영구하게 모든 장소에서 모든 사항들을 보유하고 유지할 것임을 이 법령으로써 확고히 한다.

여기서는 서문에서 밝힌 본 헌장의 기본 신조, 특히 상기의 법령들이 영구하고 침해불가하다는 점을 재차 강조함으로써 헌장의 실제적인 힘보다 더 큰 위력을 과시한다. 분명 문서에서 합의된 사항들은 서명자들의 의도대로 좋은 내용들로 구성되어 있다. 그러나 사람들은 안정감을 얻고 싶어하는 존재이기 때문에 상사는 직원들이 안전하게 보호받는 느낌을 갖게 해줄 수 있다면 근로자들과의 관계를 훨씬 더 원만하게 이끌어 갈 수 있을 것이다.

원저와 스테인의 중간에 위치한 러니미드 초원에서 짐의 치세 제17년 6월 15일 짐의 손으로 이 장전을 수여한다.

잉글랜드의 왕, 1239년 출생, 재위기간 1272 - 1307

왕, 여왕, 정복자로부터 배우는 부의 수업 _____

잉글랜드의 왕 에드워드 1세는 유난히 큰 키 때문에 '긴 다리'로 유명했었다. 동시대인들과 역사가들은 하나같이 그를 냉혈한으로 묘사했는데, 아마도 그건 사실이었을 것이다. 혹독했던 중세 시대에서 괄목할만한 변화를 이끌어 내려면, 놀라운 용기와 광기에 가까운 목적의식이 필요했고, 에드워드에게는 이 두 가지 자질이 풍부했다.

1272년에 에드워드는 폭력이 난무하는 왕국을 물려받았다. 하급 남작들은 토지와 권력을 쟁취하려고 서로 분쟁을 일삼고 있었고, 인접 지역인 웨일즈와 스코틀랜드는 수세기 동안 잉글랜드와 지속적인 국경 전쟁을 벌이는 중이었다. 특히 스코틀랜드는 주로 폭력적이었던 파벌 지도자들 간의 지속적인 다툼으로 고통을 겪고 있었다. 스코틀랜드의 전쟁은 잉글랜드 영토에 대한 침략으로 이어지는 경우가 많아서 잉글랜드 왕실의 재정은 지속적으로 약화되었다. 더 이상 참을 수 없었던 에드워드는 자신이 아는 유일한 방법인 전투로써 그런 상황을 종식시키고자 했다. 그는 단일 군주인 자신에 의해서 브리튼 섬이 훨씬 더 잘 통치될 것이라고 믿었다. '적대적 인수' 는 긴 다리 에드워드에게는 생소하지 않은 개념이었다. 브리튼 섬을 최초로 통일하고자 했던 그의 군사행동은 에드워드에게 '스코틀랜드인들의 망치' 라는 별명을 붙여주었다.

비록 에드워드의 방법은 현대적인 잣대로 보면 잔인하기도 하겠지만, 그는 영특한 정치인이자 현명한 통치자였다. 그는 항상 장기적인 이익을 얻을 수 있다면 기꺼이 타협하려 했고, 모든 행보는 마그나 카르타 대헌장에서 정한 권리와 책임을 준수한다는 원칙에서 신중하게 행해졌다._{존 왕과 마그나 카르타 대헌장에 대한 내용은 존 왕에 대한 설명 188쪽을 참조하라}

일평생 혁신적이었던 에드워드는 자신이 국민들에게 요구한 모든 양해 사항에 대해서 보답을 해주는 것을 잊지 않았다. 그는 의회를 통해서 남작들의 의견을 수렴하지 않고는 새롭게 법을 제정하지 않겠다는 사항에 합의했다. 항상 남작들의 조언을 수용한 것은 아니었지만, 그들의 의견을 무시하고 행동하는 것처럼 보이지 않으려고 극히 조심스럽게 처신했다. 남작들의 의견을 경청하는 대신, 의회에서 갑옷과 투구를 착용하고 검을 차던 그들의 전통적 권한을 박탈하기도 했다. 이런 조처는 오늘날의 시각에서는 그저 상징적인 의미만을 전달하는 것 같지만, 13세기 당시에는 남성다움으로 대변되는 전사들의 사고방식에 치명적인 타격을 가한 것이었다.

난폭한 웨일즈인에 대한 회유책의 일환으로 에드워드는 이들의 긴 활 병사들을 잉글랜드의 군대와 통합시켰다. 이것은 웨일즈인들에게 잉글 랜드에 대한 소속감을 심어주기위해서 계산된 전략인 동시에, 에드워드 에게는 중세의 전장에서 가장 강력하고 효율적인 힘을 발휘하던 무기를 손에 넣는 현명한 방법이었다.

이처럼 정치적인 교묘한 유인책을 통해 에드워드는 자신의 장기적인 목표를 반드시 달성했는데, 주로 호전적인 남작들의 질서를 바로 잡고, 다루기 힘든 스코틀랜드인들을 통제하면서 중앙 집권식의 강력한 잉글 랜드 왕권을 확립시키는 일에 집중되어 있었다. 이런 목적을 달성하기 위 해서 에드워드는 검시관의 자격 요건 제정에서부터 반역행위의 본질을 정확하게 정의하는 항목에 이르기까지 극히 사소한 법 규정까지도 자신 이 직접 나섰다. 35년간의 치세 동안에 에드워드는 선대 왕들이 제정한 법 조항들을 합한 것보다도 더 많은 수의 법령을 제도화하였다. 주목할 만한 것은 법은 만인에게 평등함을 분명히 했다는 점이다. 귀족, 기사, 상인, 농 부를 막론하고 누구나 평등하게 법을 준수할 의무가 있었고, 왕의 재판관 의 권위를 거스르는 자는 처벌을 받았다. 이처럼 명백하고 논리적이었던 조처들은 남작계층에게는 자신들의 행동을 책임지도록 하고, 평민들에 게는 왕의 보호를 보장해주는 두 가지 이점을 제공해 주었다. 지역 법정이 나 순회 법정에서 독자적으로 분쟁을 해결하지 못한 지역의 경우는 종종 왕이 자처하여 직접 중재자로 나서기도 했지만, 절대적으로 필요한 경우 에 한해서였다.

에드워드가 남작들과 스코틀랜드에 대한 지배력을 얻기 위해 벌인 전투와 관련된 유명한 일화가 하나 있는데, 미국 헐리웃에서 영화화되면서 크게 왜곡되었다. 실제로 에드워드는 반군 지도자인 윌리엄 웰리스와 전투를 벌인 후 생포해서 잔인하게 사형시켰다. 웰리스는 자신의 의지와 무관하게 잉글랜드 왕권에 대한 충성을 맹세했다가 왕에게 무기를 들면서 충성 서약을 파기하고 반역자가 된 인물이다. 에드워드는 로버트 부르스 등 스코틀랜드의 합법적인 지도자들과는 휴전 및 가능한 약정들을 논의하기 위해 자주 회의를 열었지만, 형법을 위반해서 군사행동을 일으키는 양심적인 반역자들과는 상대하지 않았다. 웰리스를 교수형에 처한 후 길거리에서 끌고 다니다가 사지를 찢는 잔혹한 방법으로 대중적인 사형집행을 감행한 것은, 그가 자신에게 저항했기 때문이 아니라 형법을 위반했기 때문이었다.

군대를 전장에 내보내면서 권한을 위임하는 그의 능력과, 자신의 모든 행동에 대해 최종적인 책임을 지는 그의 자발성은 타의 추종을 불허한다.

다음의 법령들은 연대순 배열을 따른 것으로서 명료성을 높이기 위하여 편집되었고 본서의 주제별 제목 하에 재배열되었다.

경영자와 근로자의 권리 그리고 책임들

신의 은총에 의해 잉글랜드의 왕, 아일랜드의 군주, 구이안의 백작인 에드워드는 모든 백성들에게 인사를 드리니, 전 백성은 이 칙서를 보고 들으라. 주지하는 바와 같이 짐은 짐과 짐의 후계자들을 위하여

신과 성스러운 교회의 영예와 왕국의 이익에 부합되도록 자유헌장과 산림헌장을 수여하는 바, 이는 국가적 합의로써 이루어진 만큼 추호의 위반도 용납하지 않을 것이다. 또한 짐은 짐의 서명이 날인된 동일 헌장을 모든 재판관과 주장, 기타 대관을 비롯해 왕국 전 도시로 하달할 것을 명한다. 그러면 수령인들은 전술한 헌장을 공표하고 백성들에게 짐이 이 모든 사항을 확인했음을 선언해야 한다. 또한 짐은 짐의 서명이 날인된 동일한 헌장을 전국 대성당으로 발송하여 보관시키고, 연 2회 백성들 앞에서 낭독할 것을 명한다. 아울러 모든 대주교와 주교는 전술한 헌장에 위배되는 발언이나 행동을 함으로써, 또는 그러한 조언을 제공함으로써, 어떤 식으로든 본 문서의 사항들을 위반하거나 무효화할 경우, 파문될 것이다. 또한 전술한 고위성직자들은 연 2회 상기의 불손한 행위나 발언 내용을 규탄해야 한다.

에드워드는 매우 영리한 세 가지 강령을 내렸다. 첫째 여기서는 자유헌장이라고 명명한 마그나 카르타를 준수할 것을 약속함으로써 새로 등극한 왕이 기존의 체계를 뒤흔들지도 모른다는 시민들의 불안감을 불식시켰다. 만약 큰 변화를 계획하고 있는 중이라도 안정적으로 정착시킬 수 있는 충분한 시간을 확보하기 전까지는 근로자들을 놀라게 하지 말아야 한다. 둘째, 에드워드가 만인에게 동일한 법지식의 보유를 보장한 것을 주목하라. 처음부터 모든 사실을 공개하면 당신은 무언가를 감추고 있다는 비난을 받을 이유가 없을 것이다. 셋째 에드워드는 법체제의 전복을 꾀하는 자는 평민이든 귀족이든 불문하고 파문할 것을 교회에 명했다. 중립적인 제3

의 중재인에게 역할을 위임하면 속 썩이는 근로자나 중간 경영진을 해고할 때조차 당신의 손을 더럽힐 필요가 없을 것이다.

우선 짐은 성스러운 교회와 이 땅의 평화가 모든 견지에서 수호되고 보존되도록, 또한 빈부의 격차를 막론하고 누구나 보편적인 권리를 누리도록 힘쓸 것이며, 이를 명령하는 바이다.

한 번 더 에드워드는 만인은 법 앞에 평등하다는 것을 보장하고 있다. 이 조항은 사실 하급 남작들이 왕권에 도전하려고 수차례 군사를 일으키던 시대에 그들을 제지하고 시민들에게는 왕이 그들의 친구임을 인식시키려는 의도를 담고 있다. 여기서 얻을 수 있는 교훈은 최고 경영자는 중간 경영진보다 근로자들의 친구가 되어 주어야 한다는 점이다. 중간 경영진은 당신이 원하면 한 번에 한 명씩 교체할 수 있지만 근로자들이 불만을 품고 있다면 매우 큰 문제가 야기될 수 있다.

또한 선거는 자유로워야 하는 즉, 짐은 어느 누구도 무력이나 악의 또는 협박으로 선거의 자유를 방해할 수 없으며, 그 같은 위법 행위에는 큰 과징금을 부과할 것을 명령한다.

13세기의 영국에서는 사실 자유선거의 전례가 없었던 점을 감안할 때, 이 조항은 에드워드가 국민들의 비위를 맞추는 방법을 알고 있었다는 것을 시사한다. 실제로 그는 지역문제의 경우 지역주민들이 독자적인 결정을 내릴 수 있는 권한을 부여하기도 했다. 물론 그 결과가 만족스럽지 않으면 왕은 항상 군대를 동원했다.

> 짐은 모든 백성들에게 지역 주민들이 원하면 해당 주의 주 장관 선거를 치를 수 있는 권한을 부여한다.

바로 앞의 조항과 상당히 유사한데 에드워드는 이 조항에서 특별히 주 장관 선거권을 시민들에게 보장해 준 것이다. 이것은 주민들이 스스로 치안을 유지할 수 있는 권리를 부여받는다는 의미이다. 질서가 유지되길 바라는 보편적 정서를 고려하면 이것은 위험천만한 정책은 아니었다. 현대적 등가물은 근로자 출신의 공직자나 의사진행 책임자를 근로자들이 직접 선출하도록 허가하는 정책일 것이다. 만약 일이 잘못되면 에드워드 식으로 '왕'에 준하는 자가 개입하면 될 것이다.

기업 절도와 **범죄**

> 또한 누구든 출생 신분의 고하를 막론하고 계급이나 혈연, 인척이나 결연관계, 또는 다른 기타의 이유를 근거로 타인의 정원에서 말을 타거나, 그의 연못에서 낚시를 하거나, 또는 그의 자택에서 식사를 하거나 체류할 수 없다. 이는 짐의 뜻을 거스르는 행위로 왕실의 경비나 자신의 경비를 지불하더라도 불가하다.

사적인 용도를 위해 공공 재산이나 타인의 재산을 불법으로 침해하거나 압류할 수 없다는 경계령이다. 현대적으로 해석하면, 지위가 낮은 관리자들이 권한을 악용해서 근로자들을 학대하지 못하도록 막기 위한 조처와도 같다. 근로자들은 괴롭힘을 당하면 압제자를 증오하는 것은 물론이고 자신의 업무와 회사에서도 정을 떼게 된다. 불만이 있는 근로자들은 당연히 제 역할을 하지 못할 것이다.

짐의 대관들이나 짐의 후계자들 중 그 누구도 물건 소유자의 허락을 받거나, 그가 선심으로 제공한 경우가 아니면, 타인의 곡물이나 가죽 혹은 가축을 비롯해 여타의 물품도 징발할 수 없다.

이것은 바로 위의 조항과 거의 중복되는 내용으로 약 30년 후에 추가된 조항이다. 처음에 반포한 강령을 남작들이 제대로 지키지 않자 에드워드는 자신이 직접 이 내용을 반복해서 강조해야 할 필요성을 느꼈을 것이다. 때로는 어떤 사항을 사람들에게 철저하게 숙지시키려면 재차 언급할 필요가 있다.

금후로 누구든 잃어버린 물품이 최소 40실링의 가치가 있음을 선서로써 맹세하지 않으면, 불법 침해 행위로 재판에 회부할 수 없다. 또한 상해죄로 기소할 경우, 원고는 그 상처와 손상된 부위에 손을 얹고 자신의 고소가 진실함을 선언해야 한다.

기본적으로 이 조항은 허위적이거나 사소한 소송 행위로 불만 처리 위원회를 성가시게 하지 말라는 내용이다. 현대의 법정 체계를 보라. 일단 마구잡이식 고소가 시작되면 이를 도중에 막기란 거의 불가능하다.

아울러 불법침해 행위의 피해자는 손해 배상을 청구하면 청구액의 두 배를 지급받는다.

현대의 불만 처리 체제에서는 민사 법원을 거치든 사내 중재위원회를 거치든 간에 소송에 소요되는 시간과 비용, 스트레스가 사건의 가치 이상인 경우가 많다보니 승자조차도 종종 피해자가 되는 상황이 발생한다. 그 결과 심각한 문제들, 특히 정신적인 부분은 보상받지 못하는 경우가 부지기수다. 에드워드는 배상액을 청구액의 두 배로 정함으로써 그런 정신적인 피해까지 배려한 것이다. 이 조항은 있는 그대로 적용한다고 해도 전혀 부당할 것 같지 않다.

이제껏 자기 소유의 재화를 다양한 사람들에게 대출 및 대여한 상인들은 그에 대한 채무를 지정한 날짜에 신속히 상환할 수 있는 법제가 부재하여 극심한 곤궁을 겪었다. 이런 연유로 여러 상인들이 재화를 들고 잉글랜드로 쫓겨 왔으며, 그 상인들은 물론이고 국가 전체에 폐해가 확산되었다. 그리하여 짐과 잉글랜드 평의회는 채권자인 상인이 지역 시장과 관할 서기에게 채무자를 데려가 채무액과 지불 일을 정하도록 하는 법령을 제정한다. 채무는 해당 서기가 친필로 명부에 기입하고, 채무자와 왕의 서명이 날인된 의무 증서를 직접 작성해서 상기의 목적을 충족시킨다. 아울러 제시한 날짜에 채무를 이행하지 못하면 채권자는 해당 의무 증서를 시장과 서기에게 가져간다. 채무 사실이 분명하고 지불 만기일이 지났음이 확인되면 시장은 채무 불이행자의 동산 및 가재를 팔아 채무액 전액을 채권자에게 상환한다.

이것은 순전히 계약법과 관련된 문제이다. 개인적인 권리나 재산권이 계약에 의해 거의 보호받지 못하던 시대에 에드워드는 상업적인 거래가 번창할 수 있도록 보장해 주기 위해서 최선의 노력을 기울였던 것이다. 또한 현대와 마찬가지로 현명한 계약 당사자라면 합의 전에 반드시 계약 내용을 문서화할 것을 의무화한 규정이다.

아일랜드의 재판관들이나 대관들은 어느 누구도 왕국의 이익을 위해 반드시 필요한 경우가 아니면, 공권력을 동원해서 소유자의 허락 없이 그의 곡물이나 기타 재화를 징발할 수 없다. 그러나 국익을 위한 경우도, 오직 해당 지역 의회의 위원들 다수가 제안하여 동의할 때 아일랜드 대법관청에서 보내는 공문으로써 실행할 수 있을 뿐이다. 상기의 경우 짐은 영국 대법관청 공문을 발송하여 시행을 명한다.

아일랜드는 특별한 경우에 해당된다. 군사력을 동원한 적대적 인수로 아일랜드를 잉글랜드에 흡수시킨 에드워드는 아일랜드 시민들에게 그들이 왕의 군정 장관들의 횡포에 시달리지 않을 것임을 확실히 보장해 주기 위해서 모든 조처를 동원하고자 했다. 아일랜드 상인들을 위한 법제 대신 그는 자신의 대관들의 직권 남용을 막는 법제를 마련해 주었다. 궁극적으로 결과는 같다. 현명한 경영자라면 부하직원들에게 자신이 중간 경영진으로부터 그들을 보호하는 존재라는 인식을 심어주어야 할 것이다.

아울러 짐의 재판관과 대관 중 어느 누구도 공권력을 동원해서 잉글랜드인이나 이방인 소유의 배나 기타 물자들을 억류할 수 없다. 모든 상인들을 위시하여 그 밖의 사람들도 기존과 같은 수준의 타당한 요금을 지불하면, 자신의 곡물이나 양식 또는 기타 물자를 아일랜드에서 직접 이송할 수 있다. 만약 재판관이나 다른 대관들이 전술한 재화에 대한 상기 법령을 위반하거나 이와 관련하여 유죄 판결을 받으면, 그는 원고에게 피해액의 두 배를 보상함과 동시에 짐의 엄중한 처벌을 받게 될 것이다.

바로 위의 조항과 상당 부분 일치하는 내용이나 여기서는 불간섭 조항으로 확장되었다. 특히 아일랜드의 상업이 새로운 정부 관리자들의 이익을 위하여 강탈당하거나 매도되지 않을 것임을 보장해 준 조항이다.

토지 차용인이 임차한 토지에서 소작을 금지 당한 경우에, 토지소유자가 그 임대 토지를 법적으로 박탈하고자 공모한 혐의가 입증되면, 해당 토지 차용인은 계약문서를 근거로 소작권을 되찾는다. 시장과 주장관은 토지 소유자가 정당한 권리를 되찾으려고 최초의 소송을 제기했는지, 아니면 임차인의 권리를 박탈하려고 공모 혹은 협잡을 한 것인지를 판결하기 위해서 임차인과 토지소유인을 대질해 심리한다. 만약 심리 과정에서 토지소유인이 제기한 소송의 적법함이 입증되면 그에 부합되는 판결을 내린다. 그러나 만약 그가 토지 차용인을 임대한 토지에서 내쫓으려고 거짓으로 진술한 것이 입증되면, 해당 차용인은 계약 사항에 준하는 권리를 그대로 유지한다.

임대법과 관련된 이 단순한 사례에는 폭 넓은 함축적 내용이 담겨져 있다. 그 당시 중세 시대에는 대다수 시민들이 사적 재산을 소유할 수 없었던 상황이었던 만큼, 부유한 상인 계층에 의해서 다수의 사회적 약자들이 핍박받지 않도록 보호하는 조항이었다. 당신의 통제 하에 있는 근로자들의 권리를 보장해 주는 것은 그들을 당신의 편으로 끌어들이는 첫 단계이다. 그 결과 중간 경영진은 고통을 겪을 수도 있겠지만, 그들은 당신의 친구여서가 아니라 탁월한 능력 때문에 고용된 자들임을 상기하라.

범법 행위

잉글랜드 영토에서 발생하는 다양한 사례들에 적용되는 관련 법제가 심각한 폐해와 많은 결점을 안고 있는 것을 고려해서 새로운 법령과 특정 조항을 제정해야 할 필요성이 대두되었다. 그리하여 다음과 같은 조항들을 법령으로서 공포하는 바이다. 잉글랜드 왕국의 전

거주민들은 금후로 이하의 조항들과 법령들, 포고령들을 위반하지 않고 있는 그대로 준수해야 한다. 다양한 판결 및 심사권의 자유에 대한 보유를 주장하는 고위성직자와 백작, 남작을 비롯해서 여타의 관료들은 아래와 같은 형식으로 공문서를 작성한 후에 상기의 자유를 허용 받는다.

에드워드는 자신이 제정한 정책들이 적합한 형식에 따라 집행되고 있지 않다는 것을 인정하고 있다. 현명한 경영자라면 에드워드처럼 지역 행정관들이 담당 공무를 수행할 때 작성해야 하는 일련의 문서화된 법적 서식들을 고안하여 이런 문제를 시정해 나갈 것이다. 이 조항은 업무 내용을 상술하는 직무 설명서와 해당 업무가 정확하고 확실하게 이행되도록 보장하는 문서들을 마련하는 단순한 문제를 논한 것으로 해석된다.

중상모략자들의 득세로 왕국이 혼란에 빠져 짐과 신민들 간에, 또는 짐과 왕국의 의인들 간에 수차례 불화가 발생한 바 있다. 이 같은 중상으로 야기되는 피해와 그에 뒤따르는 손실을 막고자 금후로 어느 누구도 왕과 신민들 간에 불신과 비방을 일으키는 오보나 중상을 발설하거나 공고하는 것을 금한다. 아울러 중상모략 행위의 근원이 된 자는 체포하여 감금한 후 법정으로 이송한다.

에드워드는 정치적인 반대를 저지하고자 이 조항을 마련했지만 사실 험담과 소문을 유포하는 자는 늘 있었고 이들이 사회에서 설치지 못하게 막는 정책을 제정하는 것은 역사적으로 사회적 관례였다. 물론 현대 사회에서는 악의적인 소문의 확산을 막으려면 실제로 발생하는 사안에 대한 직원들의 의견을 지속적으로 평가해야 한다. 그리고 그 일의 적임자는 궁극적으로 그들을 책임지고 있는 경영자들이다. 사람들은 상사의 신뢰를 받고 있다고 느끼면 그의 편이 되는 경향이 있다.

공모자란 누군가 악의적으로 부당한 항소를 하거나 그릇된 방법으로 그 항소를 계속하고자 할 때 그 자와 서약이나 계약, 또는 협정을 맺음으로써 도와주거나 지원하는 행위에 동참한 자로 정의한다. 이 같은 정의는 악의적인 음모 기도를 유지하고자 지역에 조직원들을 주둔시키는 자를 포함해서 행위 제공자와 수혜자로까지 확대된다. 아울러 현령 및 주장관이 직권을 남용해서 짐과 왕실 재산에 대한 보호보다 타국 왕의 이익을 위하여 분쟁과 논란을 벌이면 그런 자들도 공모자의 범주에 포함된다.

공모자들에 대한 정의를 쟁점화한 조항으로 에드워드는 왕권에 대한 직접적인 위협으로 간주되는 행위를 분명히 밝히고 있다. 또한 백성들에게 해당 법에 저촉되지 않는 명확한 한계까지 정해준 것이다. 어떤 규정이든 항상 확실하게 정의해 둘 필요가 있다. 역사적으로 흥미로운 사실은 1305년 윌리엄 웰리스의 재판과 사형에서 바로 이 조항을 적용했었다는 점이다.

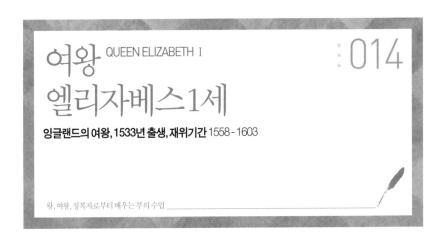

　　영국의 엘리자베스 여왕 시대는 음악과 화려한 의상, 위대한 문학작품
이 넘쳐나던 매혹적이고도 화려했던 시절로 오늘날 기억된다. 그러나 여
왕의 시대가 시작부터 그렇게 태평성대를 누렸던 것은 아니었다. 엘리자
베스의 조부인 헨리 7세는 영국 전역을 30년 이상 광기에 휩싸이게 했던
왕가의 시민전쟁 후에 왕권을 쥐었다. 그녀의 부친 헨리 8세는 젊은 시절
에는 잘 생기고 사랑스러운 왕이었다. 그러나 두 아내와 수십 명에 이르는
동료들을 단두대로 보내고 가톨릭교회와 전쟁을 벌여 잉글랜드를 산산
조각 내면서, 폭력적이고 괴기스러운 뚱보 학살자로 변모한 인물이다. 엘
리자베스의 손위 이복 언니였던 메리는 잉글랜드를 종교적인 대학살로
황폐화시켰다. 수백 명의 무고한 사람들이 신앙 때문에 화형주의 이슬로

사라졌다.

1558년 즉위한 엘리자베스는 분쟁과 혼란, 잔혹함으로 피폐해진 왕국을 물려받았다. 극도로 신경이 예민하고 불안해하는 기질이었던 25살의 엘리자베스는, 순식간에 외교적 지연 전술의 대가가 되었다. 왕정 장관들이 지속적으로 군사 행동을 촉구해도 그녀는 초지일관 성급한 결정을 회피했다. 16세기의 잉글랜드에서 신중한 행보는 필수적이고도 현명한 처사였다. 더 이상의 전투는 여왕과 왕국을 재난으로 몰고 갈 수 있는 위험성을 안고 있었기 때문이었다.

엘리자베스는 '중용' 이라고 스스로 이름 붙인 부드럽고도 위험한 외교 기술을 발휘해서 정치적 중립을 견지하면서 잉글랜드를 복구하기 시작했다. 그녀는 여왕의 이름으로 법을 집행하는 자들은 강력하고도 공정해야 함을 역설했다. 오직 왕국의 생사가 달려있거나 여왕이 위급한 때에만 가혹한 조처가 허용되었다. 무엇보다도 가장 주목할 만한 엘리자베스의 정치적 재능은 그녀를 불신하는 신하들로 하여금 그녀가 자신들을 가족처럼 사랑한다고 믿게 만드는 능력이었다.

45년간의 치세를 통해 엘리자베스는 자신의 권력은 백성들로부터 비롯되는 것이므로 자신이 아는 최선의 방법으로 그들을 이끌고 보호하는 것이 자신의 의무임을 끊임없이 되풀이하여 강조했다. 여왕의 개인적인 온갖 결점들과 허영심에도 불구하고, 그녀는 매우 이례적이었던 인물로 선전의 대가이자 진정 현명한 지도자였다.

친절한 언어와 겸손을 통해서 한 인간이 강력한 권력의 기반을 확립하는 방법을 보여주는 그녀의 글과 연설문들을 아래에 부분적으로 인용하였다.

인용문들은 연대기 순을 따르지 않고, 본서의 현대적인 주제별 제목과 잘 어울리도록 편집 및 재배열된 것이다.

상사 **다루기**

나는 이 왕국에서 태어나지 않았습니까? 나의 부모님은 외국에서 태어나셨습니까? 나의 왕국이 여기가 아닙니까? 내가 누구를 억압하였습니까? 내가 누구의 부를 늘리면서 다른 이에게 피해를 주었습니까? 내가 이 국가에서 무슨 소란을 일으켰기에 조국을 중시하지 않는다는 의심을 받는 것입니까? 나로 말하자면 나는 죽음이 두렵지 않습니다. 모든 인간은 결국 죽기 마련이니까요. 또한 비록 이 몸은 여자지만 나는 내 아버지처럼 뛰어난 용기를 지녔고 나의 위치에 대한 책임을 느끼고 있습니다. 나는 공식적으로 임명된 여왕입니다. 신께 감사드리니 나는 이 왕국에서 여인의 옷을 입고 추방되더라도 기독교 세계 어디서든 거할 수 있을 것입니다.

여기서 엘리자베스는 중요한 사안을 놓고 꾸물거린다는 의회의 비난에 맞서서 자신을 변호하고 있다.

그녀가 전달하는 바는 분명하다. 경영진이 중대한 실수를 저지르거나 관리하고 있는 사람들에게 피해를 주지 않는 한 이 사회는 자신들이 원하는 속도로 그들이 신속하게 행동하지 않는다고 하여 비난할 권리가 없다는 것이다.

중간 경영진 **다루기**

나의 백성들을 보살피세요. 저들은 바로 나의 백성들입니다. 모두가 저들을 가혹하게 핍박하고 약탈하고 있습니다. 저들은 분쟁에 휘말리고도 보복하지 못하고, 스스로 자립하지도 못하는, 가련한 자들입니다. 저들은 나의 책임이니 돌보고 또 돌보세요.

여왕 즉위식 직후에 여러 재판관들이 인사를 하러 왔을 때 엘리자베스가 그들에게 말한 내용의 일부이다. 여기서 여왕은 최고 경영진은 왕국을 평화롭게 통치하려면 반드시 전 국민을 공정하게 다루어야 한다고 지적하였다. 아울러 공정한 법적 집행을 보장하는 것도 중간 경영진_{여기서는 재판관}의 역할이다.

나는 성격이 제각각인 귀족들을 비롯해서, 내 앞에서는 나를 향한 원대한 사랑을 표현하면서 실상은 변덕스럽고 지조 없는 사람들을 상대해야 하며, 모든 것을 두려워해야 합니다.

권력자의 주변에는 아부를 일삼는 맹종자들이 몰려들기 마련이다. 무슨 말을 하든지 간에 그들은 그저 출세 길을 찾는 데만 혈안이 된 자들이다. 그들은 자신에게 이익만 된다면 당신에게 무슨 일이 일어나든지 개의치 않는 자들이니 경계해야 한다.

왜 내 개인적인 소견의 일부가 국가 보조금으로 발간되는 서적의 서문에 인용되는지 통 그 이유를 모르겠군요. 아울러 왜 내 허락도 받지 않고 내 발언을 법령화하는 대담한 행동을 하는지도 이해할 수 없군요.

보기 드문 중요한 통찰력이 드러나는 부분이다. 여왕은 자신의 모든 발언을, 특히 사적으로 한 발언을 무조건 명령으로 받아들여서는 안 된다고 한 대신에게 훈계하고 있다. 최고 경영자 역시 하나의 인간임을 중간 경영진과 근로자들은 깨달아야 한다. 그리고 어떤 사안이 명령으로서 의도된 경우나 정책으로 표현된 경우에만 그에 따른 행동을 취해야 할 것이다. 한편, 최고 경영자는 늘 대중의 시선을 받기 마련이므로 항상 말을 신중하게 해야 한다. 경솔한 발언은 자신의 발목을 잡는 덫이 될 수 있다.

그대에게 명하니 최대한 있는 그대로 정확히 이 전갈을 이행하십시오. 또한 분명 그대는 내 뜻과 의도를 넘는 지나친 열정으로 이상의 내용을 표현해서도 안 될 것입니다.

의도한 대로 명령을 실행하려면, 그에 따르는 세부 사항과 중요성에 대

해 혼동을 초래하거나 의심을 불러일으키는 요인들을 반드시 제거해야
한다.

직원들 **다루기**

나의 사랑하는 국민들이여, 우리의 안위를 염려하는 일부 대신들
은 반역 행위를 두려워하며 어떻게 전쟁을 벌일지를 신중하게 결정
하라고 권고합니다. 하지만 나는 단언하건데 충직하고 사랑스러운
나의 국민들을 불신하고 싶지 않습니다. 폭군들은 두려워하도록 내
버려 두십시오.

하느님이 보우하사, 나는 여러분의 충성스런 마음과 선의를 지켜
주고자 온 힘을 기울이며 항상 여왕의 직분을 다하고자 하였습니다.
그리하여 나는 지금 여러분이 보는 바와 같이 여러분과 함께 하니,
나의 휴양과 오락을 위해서가 아니라 전쟁터 한 복판에서 결연하게
여러분과 함께 살거나 죽기 위해서요, 하느님과 나의 왕국, 나의 국
민, 나의 명예, 나의 피를 위해 이 먼지더미 속에라도 기꺼이 목숨을
던지기 위해서입니다.

나는 비록 가냘프고 연약한 여인의 몸이지만, 왕의 심장과 기백을
갖고 있습니다. 이제 경멸스럽고 괘씸하게도 스페인이나 유럽의 군
주들이 감히 내 왕국의 국경을 침략하려고 합니다. 나는 내 명예를
더럽히느니 스스로 무기를 들고 이 전쟁터에서 여러분의 장군이자

재판관, 모든 공로에 대한 포상자가 되렵니다.

나는 이미 그대들의 진취성을 보았고, 이 보상과 영예는 여러분의 것임을 알고 있습니다. 그리하여 여왕의 말로써 약속하니, 그대들은 타당한 포상을 받을 것입니다. 전쟁터에서 그대들의 용맹함으로 우리는 하느님과 나의 왕국과 나의 국민들의 적을 물리치고, 조속히 통쾌한 승리를 거둘 것입니다.

스페인의 무적함대를 격파하러 출정하는 조국의 병사와 선원들을 전장으로 보내기 전, 엘리자베스는 말을 타고 그들 가운데 서서 이 같이 연설하였다. 높은 암살 위험성을 감수하고 거대한 군중들 속에 자신을 드러냄으로써 엄청난 용기를 보여주는 동시에, 병사들 각자에게 연설의 취지를 직접 가슴에 새겨주려는 의도였다. 여왕은 자신은 '가냘프고 연약한 여성'이라고 말하면서 기꺼이 병사들과 생사를 함께 하겠다고 선언하였다. 근로자들의 '공감'을 얻는 것은 항상 좋은 일이다. 먼저 그들을 당신의 편으로 만들고 그들의 명분을 지지한다고 말하라. 여왕이 어떤 일이 발생하든 병사들에게 반드시 포상을 하겠다고 약속하면서 연설을 마친 것에도 주목하라. 근로자들의 공감을 얻는 것도 좋고 그들과 함께하는 것도 좋지만, 사실 그들은 돈을 벌기 위해 일한다는 것을 최고 경영자는 분명히 이해하고 있어야 한다. 표현 방식과 품위로써 만반의 준비를 다하는 그녀의 모습을 본받으라.

인류 역사상 그 누구도 이런 사랑을 알지 못했고 들어본 적도 없을 것입니다. 설득이나 협박, 저주로도 이 사랑을 허물어뜨릴 수 없을 것입니다. 시간조차 이 사랑을 어쩌지 못합니다. 시간은 강철을 부식시키고 바위를 닳게 하지만, 여러분이 내게 보여준 이 사랑을 끊어놓진 못할 것입니다.

여왕은 국민들이 자신에게 보여준 헌신에 얼마나 큰 감동을 받았는지를 연설로 표현하고 있다. 엘리자베스는 열광적인 정치적 적들로부터특히 그녀의 사촌인 스코틀랜드의 메리 여왕의 지지자들 지속적인 암살 위협을 받았었지만, 그런 와중에도 그들에게 자신을 염려해 주어 고맙다는 감사 인사를 함으로써 그들과의 애정의 고리를 단단히 할 수 있다는 것을 알고 있었다. 그것은 마치 분명히 거짓말을 하고 있는 자들에게 '난 당신이 절대로 내게 거짓말을 하지 않는다는 걸 알아.' 라고 말하는 것과 같다. 이런 언사는 당사자들을 동요시키고 수치심을 느끼게 하여 장차 더 나은 모습으로 이끌기도 한다.

나는 이 보석을 그 어떤 값진 보석과도 바꾸지 않을 것입니다. 그건 바로 여러분의 사랑입니다. 나는 여러분의 사랑을 그 어떤 보물이나 부귀함보다도 더 소중히 여기기 때문입니다. 비록 주님께서 나를 여왕으로 높이셨지만, 여러분의 사랑은 내 왕권으로 얻은 영예입니다. 나는 여러분을 사랑으로 다스렸습니다. 내 마음을 단 한 번도 여타의 세속적인 물건에 둔 적이 없고, 오직 내 국민들의 행복에 두었습니다. 여러분이 내게 준 것을 나는 모아서 쌓아두려는 것이 아니라, 여러분에게 다시 나누어주기 위해 받는 것입니다.

그렇습니다. 나의 소유물들은 여러분의 것이라는 생각으로 여러분의 행복을 위해 쓰일 것입니다. 조국을 위해서 나보다 더한 열정을 품고 국민을 보살폈던 여왕은 앞으로 없을 것이며, 국민들의 행복과 안전을 위해서 위험 앞에서 기꺼이 자신의 목숨을 내 놓는 여왕도 없을 것입니다. 또한 여러분은 이 용상에 앉은 보다 유능하고 현명한 왕들을 많이 보았고 앞으로도 보게 될 것이지만, 나보다 더 세심하고 애정 어린 왕은 과거에도 없었고 앞으로도 없을 것입니다.

여기서 여왕은 국민의 사랑을 궁궐의 막대한 부와 비교하면서 이 두 가지 중에서 국민의 충정이 더 소중하다고 선언하고 있다. 최고 경영자는 대중의 지지를 얻지 못하면 자신의 자리가 위태로워질 수 있다는 점을 고려할 때 여왕의 발언은 더할 나위 없이 현명하다. 회사 소유주들은 여왕과 같은 입장은 아닐 것이다. 그러나 근로자들의 복지를 위해서 자신의 재산을 일부 기부하겠다고 약속하는 것은 의례적인 언사일지는 몰라도 진정으로 크나큰 선의의 표시이다.

최소 7년 동안 도제 교육을 받은 자가 아니면 잉글랜드나 웨일즈 영토 내에서 수공업으로 장사를 하거나 기술을 사용하는 것은 불법입니다. 아울러 자의에 의해서 법에 저촉되는 행위를 한 자에게는 불법 영업을 한 개월 수에 대하여 매월 40실링의 벌금을 부과하겠습니다.

수공업에 종사하거나 이와 관련된 장사를 하는 사람은 누구든 적절한 교육을 받아야 한다는 점을 분명히 하기 위해서 제정된 법제이다. 분명 회사는 여기서는 연합 왕국 전체 가능한 최고의 기준들을 충족시켜야 하며 누구든 도제 규정의 예외일 수 없다는 것을 못 박아서 연고자 등용의 위험성을 제거해야 한다. 당신의 친족이라도 사업에 동참하려면 다른 사원들처럼 적합한 교육을 받아야 한다. 대다수의 장인들이 도제를 두던 시기에 사업을 확장하는 가장 좋은 방법은 미래의 직원들을 훈련시키는 것이었다. 이 조항은 사실 어느 누구도 반박할 수 없는 바람직한 정책이다.

경쟁자 다루기

나는 라틴어에서 실수를 하는 게 스페인이나 프랑스, 스코틀랜드의 왕들이나 가이즈 일가와 그 공모자들보다 더 두렵습니다. 나는 여자가 아닌 남자의 심장을 갖고 있어서 아무 것도 두렵지 않습니다.

스페인 대사가 스페인이 잉글랜드를 침공할 것이라고 위협하는 전갈을 엘리자베스에게 전하자 그녀는 그에게 이렇게 말했다. 작은 섬나라였던 잉글랜드는 스페인에 비해 병력이나 화력이 부족했다. 자신은 스페인의 침공보다 라틴어에 더 관심이 있다고 당당히 말하려면 큰 담력이 필요했다. 이 대범한 꾀는 별 효과가 없어서 스페인은 곧 영국으로 무적함대를 출격시켰다. 그러나 스페인 대사뿐만이 아니라 스페인 전체가 이 당찬 여인에게 겁을 먹었다는 사실은 역사적으로 분명하다. 절대로 경쟁자에게 당신의 나약한 모습을 보여주지 말라.

중용을 지킬 수 없다면 우리는 자비심을 잠시 접고 극단적인 조처를 취해야 합니다. 나는 조국의 안위에 관한한 나의 온화한 성품만을 고집하지는 않을 것입니다.

엘리자베스는 겉으로는 항상 냉정하고 자신감에 차 보였지만, 사실 끊임없이 소용돌이치는 위험에 둘러싸여 있었다. 위의 발언은 아무리 싸움을 피하고 싶어도 대안이 없다면, 과감하게 행동하는 현명함을 보여야 한다는 내용이다. 심사숙고해야 하는 때와 행동해야 하는 때를 정확히 포착하는 능력은 훌륭한 관리자가 되려면 반드시 필요한 직감이다.

그대에게 권한을 부여하니, 만약 그들이 알고 있는 바를 사실대로 고하는 것 같지 않으면 둘 다 또는 그 중 한 명을 고문대로 데려가서 우선은 겁을 주면서 자백을 받아내세요. 그리고 그들이 고문대를 보고도 요지부동이면, 솔직하게 대답할 때까지 또는 당신이 생각하는 적정선까지 고문을 가해서 그들이 고통을 맛보도록 하세요.

일단의 세력이 엘리자베스 왕권의 전복을 목적으로 스코틀랜드의 메리 여왕을 돕기 위한 비밀문서와 자금을 보내다가 체포되었을 때, 여왕은 자신의 첩보조직 지휘관이었던 프랜시스 월싱엄 경에게 이렇게 말했다.

회사를 무너뜨리려는 음모는 가장 극단적인 처벌을 받아 마땅하다. 그러나 어떤 행동 자체보다 그 행동이 초래하는 전체적인 결과 즉, 큰 그림을 확실히 밝혀내는 것이 극단적인 조처보다 더 생산적인 결과를 가져오는 경우가 많다. 가혹한 행동보다 솔직한 대화가 더 바람직한 해결책이 될 수 있다. 일단 관련자를 해고시키거나 징계 조처하면, 그들은 더 이상 잃을 것이 없다고 생각할 것이다. 그러면 그들이 사건의 꼬리 역할에 불과할 경우 몸통을 잡는 일에 협조하지 않을지도 모른다.

당신은 다양한 방법을 동원해서 내 목숨을 빼앗고 내 왕국을 도륙하고자 했습니다. 이 같은 반역행위들은 당신의 소행임이 입증될 것이며, 곧 모든 음모가 분명히 밝혀질 것입니다. 전체 귀족과 의원들 앞에서 나의 면전이라고 생각하고 분명히 말할 것을 당신에게 명령합니다. 추호의 거짓됨 없이 솔직하게 자백하면 당신은 곧 나의 자비를 얻게 될 것입니다.

반역죄에 대한 판결을 기다리고 있던 스코틀랜드의 메리 여왕에게 엘리자베스가 보냈던 서한의 일부이다. 엘리자베스를 폐위시키고 심지어 죽이려고까지 했던 메리 여왕 지지자들의 끝없는 반역 기도에도 불구하고, 엘리자베스는 메리 여왕이 자신의 죄를 인정하고 협조한다면 기꺼이 선처하겠다고 제안한다. 이것은 훌륭한 정치적 행동이었다. 만약 메리가 공모자들의 명단을 공개해서 그들을 일망타진할 수 있다면, 엘리자베스는 그들로부터 자신을 보호하고 여왕에게도 타격을 가하는 셈이기 때문이다. 때로는 작은 미끼를 제공해서 상대의 마음을 돌려놓는 것이 직접적인 대치보다 더 안전하고 유익한 결과를 가져올 수 있다.

철학자와 현인들로부터
배우는 부의 수업

· 공자, 윌리엄 셰익스피어, 벤자민 프랭클린,
앨버트 허바드, 릴리안 길브레스 ·

공자 孔子

:015

중국의 사상가이자 사회 비평가, BC 551 - 479

철학자와 현인들로부터 배우는 부의 수업

중국의 고전 문학에서 공자가 차지하는 위상은 가장 높지만, 그의 저서는 아직 서방 세계에 널리 알려지지 않았다.

공자의 본명은 '공구孔丘'로 그는 사상가이자 정치 비평가였으며, 특히 중국의 긴 역사를 통틀어 가장 영향력 있는 스승이었다. 자신의 역량으로는 조국 노魯나라의 부패하고 악명 높은 족벌 정치를 막을 수 없음에 좌절하여 스승의 길로 돌아섰다. 일단의 제자들을 모아 완벽한 사회에 대한 자신의 견해와 그런 사회를 만들려면 인류가 어떻게 변모해야 하는지에 대해 설파하면서 지역 곳곳을 돌아다녔다.

일반적으로 알려진 대로 공자의 교리는 본질적으로 종교적이지 않으며 도덕과 윤리에 대한 법도를 다룬다. 이러한 철학의 기초는 윤리적 쇄신을 통해서 사회적인 변혁을 일궈내는 것과 관계가 있었다. 간략히 말해서, 개개인이 스스로 나쁜 마음을 고쳐나갈 때 사회전체가 더 나은 모습으로 바뀔 것이라는 주장이다.

공자가 제안한 것은 가족 단위가 사회 구조의 핵심을 이루는 사회이다. 즉, 직장에서는 사장이, 정치에서는 왕이 '아버지 같은 존재'로 대표된다. 두 경우 '아버지'는 가족이라는 조직의 절대적 지도자이자 자애로운 통치자였다. 이런 꿈같은 사회가 실현되려면 사회의 모든 부분에서 가족 구조에 대한 존중이 최우선시 되어야 했다.

그런 조직 체제가 원활히 돌아가려면 아버지상뿐만 아니라 사회 각 구성원도 공익을 위해서 일하는 수준으로 교화되어야 했다. 그런 교화된 단계가 공자가 뜻하는 '인仁'의 개념이다. 지혜로움과 정신적 균형을 뜻하는 '인'은 공자 철학의 핵심이었다. '인'의 상태에 도달한 자가 공자가 말하는 '군자君子'이다. 보다 명료한 설명을 위해 본문의 '인'을 좀 더 서구적인 용어인 '지혜'로 바꾸었다.

공자의 저술 및 대화문은 『논어論語』와 『중용中庸』, 그리고 『대학大學』인 세 편의 저서로 집대성되었다. 세월이 흐르면서 그의 저작들과 가치관은 중국의 사회문학과 교육의 초석이 되었고 300년 이상 사회를 지배했다.

안타깝게도 공자의 개념들이 '인'의 상태에 도달하지 못한 사회에서 실행되었을 때 그 결과는 돌파구를 찾을 수 없는 경직되고 지탄받는 계층사회였다. 그러나 인류가 『성경』, 『탈무드』, 『코란』 또는 그 밖의 위대한 저서에서 제시하는 가치관에 따라 살지 못했다고 해서 그런 지혜서들의 내용이 무용지물이라고 할 수는 없을 것이다.

공자의 저작 중 가장 유명한 『논어』는 그의 사후에 제자들이 편집하였다. 이 책은 공자의 제자들과 친구들, 그리고 조언을 얻기 위해 그를 찾아온 사람들과 함께 공자가 나누었던 대화문의 형식이다. 다음의 인용문들은 『논어』에서 선정한 것들이다. 공자의 관심은 개개인의 내적 수양에 있었기 때문에 여기 실린 경구도 주로 개인적인 성장에 관한 것들이다. 명료한 설명을 위해 현대적인 주제별 제목을 달아 본문을 편집하고 재배열했다.

상사 다루기

'군자(君子)'를 섬기기는 쉬우나 기쁘게 하기는 어렵다. 그는 정도(正道)가 아닌 방법으로 기쁘게 하려 하면 기뻐하지 않을 것이기 때문이다. 또한 군자는 사람을 부릴 때 그 사람의 능력에 맞는 역할을 준다. 반면 '소인(小人)'은 섬기기는 어려워도 기쁘게 하기는 쉽다. 그를 기쁘게 하려고 정도가 아닌 방법을 써도 소인은 기뻐할 것이기 때문이다. 소인은 사람을 부릴 때 모든 것을 갖추기를 요구한다.

어떤 대가를 치르게 될 지를 고려하지 않고 무조건 성과만 바라는 사람을 위해서 일하거나 그런 사람이 되는 것을 경계해야 한다. 목적이 항상 수단을 정당화하는 것은 아니다.

손윗사람을 섬김에 있어 거짓 없이 예의바르고 공손해야 하며 사람들에게 진실해야 한다. 야만스런 부족들조차 그런 면모를 갖추고 있다.

손윗사람의 감정을 해치는 것을 즐겨하는 가문이나 벗에게 존경심을 갖는 이는 드물다. 손윗사람을 화나게 하는 것을 꺼려하는 이들은 절대로 사고를 일으키는 자들이 아니다.

회사밖에서 예의바른 사람들은 회사에서도 예의바르다.

군주를 섬기면서 매사 정중하기만 하면 사람들은 당신을 아첨꾼이라고 부를 것이다.

아부하는 행위에 대한 훈계이다. 비굴한 아첨꾼을 좋아하거나 신뢰하는 사람은 없다.

수동적으로 스승을 따르는 것보다 지혜를 중시하는 편이 더 낫다.

뉘른베르크 재판유태인 학살에 대한 전범 재판에서 '명령에 따랐을 뿐이다.'라는 나치당원의 항변이 아무런 호소력이 없듯, 수동적인 맹종은 예나 지금이나 옳지않다.

군주를 섬김에 간언을 너무 자주 하면 욕됨을 당할 것이다. 친구와의 관계에서도 너무 잦은 충고는 친구를 떠나게 할 것이다.

비판을 너무 자주 하거나 지나치게 혹독하면, 당하는 사람은 당신에게 분개할 것이다. 필요한 만큼만 적당하게, 그리고 부드럽게 비판하라.

군주에게 간언을 할 때 속이지 말라.

상사를 비판해야 할 때는 면전에서 사적으로 하라. 절대로 그의 등 뒤에서 비난하거나 투덜대거나 또는 불평하지 말라. 말은 항상 돌고 돌기 마련이다.

효율적인 **관리자 되기**

국가를 다스리려면 정사에 엄중한 관심을 기울이고, 말이 진실해야 하며, 소비가 검소해야 하고, 백성들을 사랑해야 한다.

생각과 행동함에 있어 신중하고 조심하라.

다음 다섯 가지 덕행을 천하에 실천할 수 있다면 당신은 '현자'(賢者, 본문에서는 인(仁)의 서구적 용어임)라 불릴 것이다. 예의, 관용, 정직, 인내, 친절이 그것이다. 예의바르면 업신여김을 당하지 않을 것이다. 관용을 베풀면 모든 것을 다 얻게 될 것이다. 정직하면 사람들이 신뢰할 것이다. 인내심이 있으면 결과가 따를 것이다. 친절하면 사람들을 부리게 될 것이다.

'공정함'이란 무엇인가? 당신이 겪고 싶지 않은 일은 다른 사람에게도 시키지 말라.

'남에게 대접 받고자 하는 대로 너희도 남을 대접하라.'는 예수의 훈계를 연상시키는 구절이다.

'군자'의 네 가지 특징은 이러하다. 그는 개인적인 행실을 함에 있어 예의바르고, 윗사람을 섬김에 있어 공손하며, 사람들을 보살핌에 있어 친절하고, 사람들을 다룸에 있어 공정하다.

위의 구절과 마찬가지로 당신이 대접받고 싶은 대로 다른 사람을 대하라는 조언이다.

'군자'는 서로 화합하되 동조하지 않는다. '소인'은 동조하되 서로 화합하지 못한다.

여기서의 요점은 진정 현명한 자는 옳은 일이기 때문에 대세를 따르는 것과 단지 대중에게 휩쓸려 따르는 것을 구별할 수 있어야 한다는 것이다.

나 자신에게 크게 기대하고 다른 사람에게 작게 기대하면 원한을 사지 않을 것이다.

다른 사람보다 나 자신에게 항상 더 많은 것을 기대해야 하며, 내가 하기에 부끄러운 일은 다른 사람에게도 시키지 말아야 한다.

나 자신에게 엄격하면 실수하는 법이 거의 없을 것이다.

자기 수양은 공자 철학의 초석을 이루는 항목 중 하나이다.

잘못을 하고도 고치지 않는 것, 그것이 바로 잘못이다.

누구나 잘못을 한다. 그러나 그 잘못을 숨기거나 부인하는 것은 잘못 그 자체보다 훨씬 더 나쁘다.

자기 자신을 바르게 할 수 있다면 정치에 종사함에 무슨 문제가 있겠는가? 자기 자신을 바르게 할 수 없다면 어찌 남을 바르게 할 수 있겠는가?

다른 사람들을 통제하기에 앞서 먼저 자기 자신에 대한 통제력을 갖고 있어야 한다.

어진 이를 보면 그 사람처럼 되는 것을 생각하라. 어질지 못한 이를 보면 자신의 허물을 되돌아보라.

남의 결점을 비난하는 것은 아무런 득이 되지 않는다. 그들의 실수를 당신이 번복하지 않도록 조심하면 되는 것이다.

나는 매일 세 가지 방법으로 나 자신을 반성한다. 남을 위하여 일을 함에 있어 성실하였는가? 벗과의 사귐에서 신뢰를 얻고 있는가? 나는 설교한 대로 실천하였는가?

그 지위에 있지 않으면 정사(政社)를 계획할 수 없다. 군자는 자기의 지위를 벗어나는 일에 대해 근심하지 않는다.

나는 번듯한 지위가 없음을 염려하지 않고, 그 지위를 얻기 위해 이용하는 수단에 대해 염려할 뿐이다. 나는 남들이 알아주지 않음을 염려하지 않고 옳은 방법으로 알려지고자 애쓸 뿐이다.

대체로 인간은 누구든 영리하면 최고의 자리에까지 오를 수 있다. 중요한 것은 정당한 방법으로 성공하는 것이다.

군자는 의(義)를 생각하고 소인은 이익을 생각한다. 만사를 행함에 있어 자신의 이익에만 관심을 두면 많은 사람들로부터 원망을 사게 될 것이다.

부적절한 방법을 쓰거나 다른 사람에게 손해를 입히면서까지 자신의 성공을 추구하는 것보다는 의로운 일을 행하는 것이 보다 더 중요하다.

이익을 얻을 수 있는 기회를 보면 정의를 생각하라. 위험에 직면하면 운명에 맡겨라. 누군가 당신에게 과거의 약속을 상기시킬 때 마음에 거리낄 게 없다면, 당신은 '성인'이라 할 수 있다.

요점을 충분히 전달했으면 더 이상 쓸데없이 말을 보태지 말라.

어떤 주제에 대해 장황하게 떠들거나 질릴 때까지 얘기하지 말라. 명료하고 간결하게 요점을 전달한 후에는 함구하라.

군자란 말은 느리고 어눌해도 행동은 민첩해야 한다.

말하기 전에 먼저 생각하고, 행동할 때라는 판단이 서면 실행을 주저하지 말라.

군자는 정확하지만 완고하지 않다.

당신은 다른 사람들에게 지시할 사항을 분명히 알고 있어야 하되, 항상 그들의 생각과 의견을 들을 준비도 되어 있어야 한다.

교묘한 말은 덕을 어지럽힌다. 작은 일들에서 인내심이 부족하면 큰 계획을 망치게 된다.

자신의 이익만 챙기겠다고 너무 머리를 쓰지 말 것이며, 지나치게 조급해져서 일의 전모를 파악하기 전에 행동으로 옮기지 말라.

일을 행할 때 서두르지 말고 작은 이익을 구하지도 말라. 인내심이 없으면 미흡한 부분이 생겨서 완벽을 기할 수 없게 된다. 작은 이익에 마음을 빼앗기면 절대로 큰일을 이룰 수 없다.

바로 앞의 내용처럼 이 구절 역시 세부 사항들에 신경을 쓰라는 조언이다. 그러나 한편으로는 세세하고 은밀한 계획들에 얽매여서 이도 저도 못하다 보면 큰 기회들은 철저하게 당신을 외면할 것이라는 경고이다.

정신적인 균형 감각이 부족하면 긴 난관을 극복할 수도 없고 긴 안락함을 누릴 수도 없을 것이다.

중간 경영진 **선택하기**

삼군(三軍)을 통솔한다면 나는 맨손으로 범에게 달려들고, 맨발로 황하를 건너며, 죽어도 뉘우침이 없는 사람과는 함께 하지 않을 것이다. 나는 일을 신중하게 처리하는 사람, 미리 계획해서 성공하기를 좋아하는 사람과 함께 행동할 것이다.

성급한 결정을 내리는 사람들을 고용하지 말라. 그들의 가치로 인한 이익보다는 그들의 무모함으로 인해 초래되는 문제점이 훨씬 더 클 것이다.

목표를 달성한 자가 사용한 수단들을 살펴보라. 그를 이끈 행동의 동기도 살펴보라. 사람이 어떻게 자신의 성품을 감출 수 있겠는가? 과거에 나는 사람들이 하는 말을 듣고 그들이 그 말에 따라서 행동할 것이라고 기대했었다. 이제 나는 사람들이 하는 말을 듣고 그들의 행동을 살펴본다.

말이 어떻든 간에, 그 사람을 신뢰할 수 있는지 없는지는 그의 행동에서 드러나게 된다. 관리자를 지원하는 사람들의 말만 곧이곧대로 듣지 말고 그들의 행동을 관찰하라.

사람들은 자신의 수준에 맞는 잘못을 저지르기 마련이다. 어떤 사람의 진가를 알려면, 그가 저지른 잘못을 살펴보면 된다.

자신의 잘못을 처리하는 방법, 즉, 잘못을 시인하고 고치려고 하는가, 아니면 잘못을 감추려고만 하는가에서 그 사람의 성격을 상당량 파악할 수 있다.

누군가 심오한 이론들을 알고 있을 수 있다. 그러나 그렇다고 하여 그는 '군자'인가? 아니면 그저 겉으로만 요란한 자인가?

어떤 사람이 '말만 많은 사람'인지, 아니면 말하고 있는 것에 대해 실제로 알고 있는 사람인지를 구별할 줄 알아야 한다.

'군자'는 그 사람이 하는 말만 듣고 그의 지위를 높이지 않으며, 사람만 보고 그가 하는 말을 무시하지도 않는다.

당신의 마음에 들지 않는 사람도 좋은 의견을 내 놓을 수 있다. 그가 하는 좋은 말이나 충고까지 무시해서는 안 된다. 그러나 좋은 의견을 갖고 있는 자라고 해도 승진시킬 때는 신중을 기해야 한다.

말을 유창하게 하면서 시종일관 '너무 미소 띤' 얼굴을 보이는 자는 좋은 심성을 갖고 있는 경우가 드물다.

당신을 즐겁게 해주려고 너무 애쓰는 자를 경계하라. 그런 자들은 무언가를 숨기고 있을 가능성이 크다.

'군자'는 거만하지 않되 자신감에 차 있다. '소인'은 거만하면서 자신감이 결여되어 있다.

'군자'는 막다른 궁지에 빠져도 평정심을 잃지 않는다. 반면 '소인'은 정신적 혼란 상태에 빠진다.

'군자'는 말은 겸손하지만 행동은 웅장하다.

진취적인 사람은 자랑할 필요가 없다. 그의 행동은 말보다 강하다.

중간 경영진 **다루기**

군주는 신하를 쓸 때 예의로써 대하고 신하는 주군을 섬길 때 충성으로써 한다.

부당하거나 비윤리적인 요구를 하지 않으면 직원들은 당신을 존경심으로 대할 것이다.

'군자'는 신하들로 하여금 쓰이지 못하여 불만을 품게 만들지 않는다. 그러므로 군자는 실제로 타당한 명분이 없으면 아무도 내치지 않으며, 한 사람에게 모든 능력을 다 갖추기를 요구하지도 않는다.

사람을 채용했으면 항상 그를 바쁘게 일 시키되 그가 갖고 있는 능력에 한해서만 최대한 발휘시켜야 한다. 그의 능력을 벗어나는 일을 시켜놓고 좋은 결과를 기대하지 말라.

함께 말해야 하는 사람인데도 그와 함께 말하지 않는 것은, 사람을 잃는 것이 된다. 함께 말하지 말아야 하는 사람인데 그와 함께 말하는 것은, 말을 잃는 것이 된다. 지혜로운 사람은 사람도 잃지 않고, 말도 잃지 않는다.

항상 당신의 중간 경영진들을 의사 결정에 개입시켜라. 그러나 장황하고 불필요한 정보들로 그들을 따분하게 만들지는 말라.

'소인'은 다루기가 힘들다. 그들은 가까이하면 불손하고, 멀리하면 원망한다.

당신이 군자이기 때문에 아무도 당신에게 반대하지 않는다면 괜찮다. 그러나 당신이 부도덕한데도 아무도 당신에게 반대하지 않는다면, 당신은 말 한 마디로 국가 전체를 파괴할 수도 있다.

필요할 때에는 당신에게 이의를 제기할 수 있다는 확신을 중간 경영진들에게 심어 주어라. 그러면 당신이 끔찍한 실수를 저지르려 할 때 그들이 저지해 줄 것이다.

유능한 교관에게 7년 간 훈련받은 백성들만 무기를 들어야 할 것이다. 제대로 훈련시키지 않은 백성들을 데리고 전쟁을 하러 가는 것은, 그들을 전쟁터에 버리는 것과 같다.

중간 경영진에게 너무 성급하게 너무 많은 결과를 기대하지 말라. 당신의 이름으로 그들을 현장에 투입하기 전에 먼저 그들과 편한 사이가 되고 당신의 업무 처리 방법과 당신이 그들에게 요구하는 바를 제대로 알려 주어라.

직원들 **다루기**

백성들을 인도하고 그들을 위해 열심히 일함으로써 다스려라. 낙담은 금물이다.

당신의 삶이 바르면 명령을 하지 않아도 만사형통일 것이다. 그러나 당신의 삶이 바르지 못하면 명령을 내려도 아무도 따르지 않을 것이다.

사람들이 당신을 따르게 하려면 먼저 그들이 당신을 신뢰해야 한다.

모든 사람이 그것을 미워해도 반드시 자기 자신이 직접 확인하는 게 좋다. 모든 사람이 그것을 좋아해도 반드시 자기 자신이 직접 확인하는 게 좋다. 세상의 평판만으로 모든 것을 평가하고 판단해서는 안 된다.

백성들을 법과 처벌로만 다스리려 한다면, 그들은 범죄를 저지르진 않겠지만 부끄러움도 모를 것이다. 그러나 예절로써 백성들을 다스리면, 그들은 공손함을 배우게 될 것이다. 백성들을 덕과 예절로 다스리면, 그들은 수치심을 알게 되어 스스로를 바로잡을 것이다.

직원들을 각종 처벌 조처들로 통제하는 것보다 모범을 보여줌으로써 이끄는 것이 훨씬 더 바람직하다.

위정자가 먼저 백성들에게 위엄을 보여주면 그들은 당신을 공경할 것이다. 아버지같이 온정을 베풀면 충성을 다할 것이다. 유능한 자를 등용하고 무능한 자는 가르치면 그들은 당신을 위해 선행을 하려고 힘쓸 것이다.

군주가 백성들의 신뢰를 얻으면 그들은 그를 위해서 힘써 일할 것이다. 군주가 백성들의 신뢰를 얻지 못하면 폭군이라 여겨질 것이다. 백성들이 군주를 신뢰하면 그를 공개적으로 비난할 것이다. 백성들이 군주를 신뢰하지 않으면 숨어서 그를 비방할 것이다.

상사는 항상 비난을 받게 될 것이다. 부하 직원들이 당신을 편안하게 느껴서 불만사항을 직접 보고하는 것이 자기들끼리 모여서 불평하는 것보다 훨씬 더 바람직하다.

특정한 원칙에 따라 사람들이 행동하도록 강제할 수는 있을지라도 그 원칙을 그들에게 억지로 이해시킬 수는 없을 것이다.

근로자들이 당신이 하는 모든 행동의 이유를 이해할 필요는 없다. 중요한 것은 그들이 당신의 행동 동기를 이해하든 못하든 간에 명령에 무조건 복종할 정도로 당신을 신뢰해야 한다는 것이다.

사람을 가르침에 있어 그 사람의 사회적 신분을 보고 차별하는 일이 없어야 한다.

이와 마찬가지로 사람들을 가르칠 때 인종이나 종교, 성별을 이유로 차별을 해도 안 될 것이다.

평균 이상의 능력이 있는 사람들에게는 높은 지식을 가르칠 수 있지만 그 이하의 사람들에게는 가르쳐도 소용이 없다.

사람들이 갖고 있는 능력 이상의 것을 기대하지 말라. 각자의 능력 수준에 잘 맞는 분야에 배치하라.

위정자들이 정의롭지 않으면 백성들은 흩어질 것이다. 흩어진 백성들이 돌아오려면 오랜 시간이 걸린다.

그들이 겪고 있는 고통을 안다면 함께 슬퍼해야지 기뻐해서는 안 된다.

아랫사람들에게 공정하면 그들은 당신을 신뢰할 것이다.

사업 동료 **다루기**

자공이 공자에게 묻기를

"마을 사람들 전부가 그를 좋아하면 어떻습니까?"

"썩 좋은 건 아니네." 라고 공자께서 말씀하셨다.

"그럼 마을 사람들이 전부 그를 싫어한다면 어떻습니까?"

"그 또한 썩 좋다고 할 순 없네. 마을의 선량한 사람들이 그를 좋아하고 부도덕한 사람들이 그를 증오하는 것이 더 좋은 것이라네."

세 가지 이로운 우정과 세 가지 해로운 우정이 있다. 의로운 자와의 우정, 진실한 자와의 우정, 학식 있는 자와의 우정은 모두 유익하다. 그러나 기만하는 자와의 우정, 부도덕한 자와의 우정, 아첨하는 자와의 우정은 해롭다.

친구와 동료를 현명하게 선택하라. 사람은 가까이 지내는 친구나 동료의 영향을 받기 마련이며, 그들을 보면 그 사람을 알 수 있다.

덕이 있는 자는 분명 훌륭한 말을 하나 입으로 훌륭한 말을 하는 자가 반드시 덕이 있는 자는 아니다. 현명한 자는 항상 용기가 있지만 용기가 있는 자라고 해서 항상 현명하지는 않다.

마찬가지로 이 두 유형의 차이를 구별할 줄 아는 것이 관건이다.

벗에게 정직하게 말하고 요령 있게 바른 길을 알려 주어야 한다. 그를 바른 길로 인도하지 못하겠으면 그만 두어라. 망신을 자초할 수도 있다.

최선을 다해서 다른 사람에게 조언을 해주어야겠지만, 사람은 자신이 원할 때만 조언을 받아들인다는 것도 명심해야 한다.

충의와 신뢰를 모든 행실의 근본으로 삼으라. 도덕적 수준이 낮은 자와 벗하지 말라. 잘못을 하였으면 속히 바로잡아라.

남을 기만하는 자들은 정당하지 못한 부와 권력을 얻기 쉬우며, 그들의 외적인 성공은 사람들을 주변으로 끌어들이는 매력 요소로 작용하기도 한다. 그러나 유혹에 빠져서 그런 작자들과 친분을 맺지 말라. 당신은 그들이 벌인 악행의 공모자로 오인 받게 될 것이며, 그게 아니면 그들은 당신이 나쁜 길을 가도록 부추길 것이다.

'군자'도 싫어하는 것이 있다. 그는 남의 허물을 떠들고 다니는 자들을 싫어한다. 그는 자신은 보잘 것 없으면서 훌륭한 사람들을 헐뜯는 자들을 싫어한다. 그는 예의 없고 무례한 자들을 싫어한다. 그는 자신의 완벽함을 믿는 자들을 싫어하고 그 밖의 것에 대해 배타적인 자들을 싫어한다.

세 가지의 유익한 즐거움이 있고 세 가지의 해로운 즐거움이 있다. 음악과 예절을 수양하는 즐거움, 타인의 미덕을 칭송하는 즐거움, 어진 벗이 많음에서 오는 즐거움은 모두 유익하다. 그러나 뽐내는 즐거움, 낭비하는 즐거움, 안락함을 추구하는 즐거움은 모두 해롭다.

군자는 사람들의 단점이 아니라 장점을 발전시킨다. 소인은 그 반대이다.

가는 길이 서로 다르면 함께 일을 도모할 수 없다.

그와의 우정이 아무리 깊어도 또는 업무상 아무리 긴밀한 관계를 맺고 있어도, 서로가 추구하는 핵심 목표가 다르면 함께 장기적인 계획을 수립해서 일을 추진하기란 불가능할 것이다.

윌리엄 셰익스피어 WILLIAM SHAKESPEARE

영국의 극작가이자 시인, 1564 - 1616

철학자와 현인들로부터 배우는 부의 수업

역사적으로 셰익스피어는 인간의 유약한 본성에 대한 가장 예리한 관찰자였음이 분명하다. 인간의 마음과 영혼을 향한 그의 통찰력은 가히 전대미문이다. 단 25년에 걸쳐 완성한 37개의 극작품을 통해 이 위대한 음유 시인은 영웅, 악한, 절망에 빠지거나 겁에 질린 영혼들과 개구쟁이 요정들을 우리에게 소개한다. 그의 역사적인 희곡들은 대부분 사실보다는 상상력에서 비롯되었지만, 완전히 허구적이든 그렇지 않든 간에 작품의 주인공들은 모두 주옥같은 통찰력을 지닌 인물들이었다. 본서에서는 그의 작품에 등장하는 인물 수백 명 중에서 단 두 명을 선정했다. 그들은 당신이 살면서 결코 상대하고 싶지 않은 인물들일 것이다. 그러나 아둔하거나 사악한 자들에게서도 어떤 식으로 사업적 거래를 해야 하고 어떤 식으로 하지 말아야 하는지에 대한 교훈을 얻을 수 있다.

　원전에 편집이나 수정을 가하지 않았으며 본서의 현대적인 제목에 맞게 분류하여 아래의 인용문을 실었다.

중간 경영진과 **직원들 다루기**

『 햄릿, 덴마크의 왕자 HAMLET, PRINCE OF DENMARK 』

　셰익스피어가 창조한 인물인 덴마크 왕의 시종장 폴로니우스는 우리들 대다수가 인생을 살면서 한 번쯤 마주치게 되는 전형적인 유형이다. 그는 조언자였는데, 그가 하는 말들이란 주로 진부하고도 공허했다. 또한 그는 남의 일에 대해서는 지나치는 법이 없는 구제불능의 참견꾼이며, 험담을 퍼뜨리고 다니지는 않았지만 정보를 입수하는 데는 민첩했다.

　폴로니우스가 자신의 아들, 레어티즈에게 한 충고는 상당히 일리가 있는 말들이다. 다만 듣기 따분한 상투어로 표현하다보니, 아들이든 청중이든 간에 귀담아 듣기가 힘들 뿐이다. 폴로니우스가 철저하게 성가신 존재로 전락한 것에 대해서 늙었기 때문이라는 이유를 주로 들먹이곤 한다. 그러나 사실 인간은 나이를 먹어가면서 크게 변한다기보다는 젊었을 때의 모습이 더 강해질 뿐이다. 폴로니우스는 분명 젊은 시절에도 거의 참기 힘든 존재였을 것이다. 여기서 얻을 수 있는 가장 큰 교훈은 사람들을 어떤 식으로 다루면 안 되는가이다. 닮지 말아야 할 인물의 완벽한 본보기가 바로 폴로니우스이다.

폴로니우스는 칼에 찔러 죽었다. 만약 그가 햄릿 왕자와 그의 모친 게르트루드 여왕 사이의 대화를 엿들으면서 커튼 뒤에 숨어 있지만 않았다면 죽음을 피할 수도 있었을, 참으로 안타깝고도 짧은 순간이었다. 이 역시 교훈을 얻을 수 있는 구체적인 실례이다.

햄릿 1막, 3장

레어티즈는 이제 막 프랑스로 여행을 떠나려는 중이고, 그의 아버지 폴로니우스는 떠나는 아들을 어루만지며 '훌륭한' 조언들을 해 준다.

폴로니우스:
축복을 거듭하면 은총도 갑절이 되듯이
작별 인사를 거듭하면 행운이 미소 지을 것이다.
거기서 나의 축복이 너와 함께 하길!
그리고 내가 하는 몇 마디 훈계를 기억하여라.

아들아, 내 지금 너를 축복하니 내 조언을 마음에 새겨라.

너의 속마음을 입 밖에 내지 말고,
옳지 않은 생각을 행동으로 옮기지 말아라.

어떤 일에 대해서 말을 하거나 행동을 취하기 전에 먼저 심사숙고해야
한다.

그 곳 사람들과 친하게 지내더라도 절대로 천박해져서는 안 된다.

새 친구를 사귀더라도 잘 모르는 사람들과 너무 친근한 관계를 맺지는
말라.

믿을 수 있는 친구들은
쇠테로 네 영혼에까지 꼭 붙들어 놓아라.

오래된 친구가 가장 좋은 친구임을 항상 기억하라.

갓 태어난 젓 비린내 나는 녀석들과
흥청망청 즐기면서 시름을 달래지 말아라.

믿을 수 없는 자들과 떼 지어 돌아다니면서 돈을 탕진하지 말라.

싸움을 하지 않도록 조심해야 한다. 하지만 일단 시작했으면 상대
방에게 너를 확실히 각인시켜라.

먼저 싸움을 거는 일은 없어야 하지만 어쩔 수 없이 싸움에 휘말리게 되

면 절대로 물러서지 말라.

누구의 말에나 귀를 기울이되, 너는 말을 적게 해야 한다.

모든 사람들이 하는 말을 경청하되 너의 생각은 함부로 말하지 말라.

사람들이 남을 욕하면 잘 들어주되, 옳고 그름에 대한 판단은 삼가라.

남의 말에 너무 쉽게 흥분하지도 말고, 다른 사람의 감정을 상하게 하지도 말라.

지갑이 허락하는 한 비싼 옷을 사 입어라.
하지만 사치스러워 보여서는 안 되니 귀한 테가 나되 번쩍거리지 않아야 한다.
종종 옷으로 그 사람을 알 수 있으니까 말이다.

옷을 항상 잘 입어라. 패션 감각이 있어야겠지만 유행을 따른답시고 시시한 옷들을 사들이지는 말아라. 사람들은 당신이 옷 입는 스타일을 보고 당신을 판단한다.

그리고 프랑스 상류층 인사들은
그 방면에서 안목이 아주 탁월하다고 하더구나.

프랑스인들은 전 세계에서 가장 세련된 국민들이다. 제발 프랑스인들 앞에서는 부랑자 같은 행색을 하고 다니지 말라.

돈을 빌리지도 말고 빌려주지도 말아라.
돈 거래는 종종 돈과 친구를 전부 앗아간단다.

돈을 빌려주지도 말고 빌리지도 말아라. 돈과 친구를 모두 잃기 쉽다.

무엇보다도 너 자신에게 정직해야 한다.
낮이 가면 밤이 오듯 그건 지당한 도리란다.
그러면 너는 누구에게도 거짓되지 않을 것이다.

가장 중요한 것은 훌륭한 사내가 되는 것이다. 네가 스스로에게 정직하면 다른 사람들에게도 정직할 것이다.

이 시점에서 레어티즈는 결국 떠난다.

앞서 지적했듯이 요령이라곤 없이 훈계를 하다 보면, 누구든 그 훈계를 진지하게 받아들이기가 힘들 것이다. 더욱 더 유감스러운 것은, 이 훈계들의 대부분이 400년 이상이 지난 지금도 여전히 맞는 얘기란 점이다.

사업 동료 **다루기**

『베니스의 상인 THE MERCHANT OF VENICE 』

　중세 시대와 르네상스 시대에 기독교인들은 이윤을 얻을 목적으로 돈을 빌려줄 수 없었다. 교회가 그런 행위를 고리대금업이라 정의하고 죄악시했기 때문이었다. 그러나 사업을 확장하려는 상인들이나 전쟁 자금이 필요한 왕을 비롯해서 늘 돈을 빌려야 하는 경우가 발생했다. 사실 아무도 무이자로 돈을 빌려주려 하지 않는 상황 속에서 어쩔 수 없이 경제적인 공백이 생겼고, 그 부분을 메웠던 자들이 바로 유대 공동체였다. 그들은 기독교인이 아니어서 교회법의 구속을 받지도 않았고, 대부분은 여유 자금이 있는 상인 집단이었다.

　필연적으로 기독교인들과 유대인들 사이에서 적개심이 일었다. 기독교인들은 고리대금업이 기독교 교리에 위배된다고 믿으면서도 아쉬울 때면 할 수 없이 이자를 물고 고리 대금업자들에게 돈을 빌렸다. 유대인들 역시 분개했던 이유는, 경제 공동체에서 발생하는 필요한 틈새를 자신들이 채워주는데도 비난을 받고 있었기 때문이었다.

　셰익스피어의 연극 『베니스의 상인』에서 문제의 당사자인 상인 안토니오에게 그의 친구 바사니오가 연애 자금을 빌리려고 찾아온다. 하지만 안토니오의 자금은 전부 배에 실린 상품들에 투자되어 있었고, 물건을 실은 상선들은 아직 베니스에 도착하지 않은 상태였다. 안토니오는 유대인 대금업자인 샤일록에게 돈을 빌려서 바사니오를 도와주기로 결심한다.

샤일록은 안토니오에 대한 애정이라곤 털끝만큼도 없었고, 이런 저런 이유로 그를 법적으로 인가받은 유대인의 상업 지구에 침투하려는 자라고 생각한다. 안토니오는 이미 반유대주의자로 알려진데다가 친구들이나 지인들에게 이자를 받지 않고 돈을 빌려주는 걸로 정평이 나 있었기 때문이었다.

샤일록은 돈을 빌려주는 대신 만약 안토니오가 대금과 이자를 정해진 날에 갚지 못하면 그의 살 1파운드를 베어가겠다고 말한다. 얼핏 보면 지나치게 가혹한 제안 같지만 그 당시 기독교인들과 유대인들 간의 깊은 적개심을 고려해 보면, 샤일록이 안토니오를 본보기로 따끔한 맛을 보여주려 한 게 그리 놀랄 일은 아니다. 어리석게도 거만한 안토니오는 이 조건을 수락한다. 물론 안토니오는 빌린 돈을 제 날짜에 갚지 못하게 되고, 샤일록은 그를 법정에 데려가 끔찍한 조건을 이행해 줄 것을 요구한다.

어찌되었건 베니스의 상인은 서로를 유쾌하지 않은 계약에 가둔 어리석은 두 남자의 이야기이다. 여기까지만 봐도 중요한 경영 교훈이 있다. 안토니오는 너무 거만하다보니 이 계약이 터무니없다는 것을 깨닫지 못한 것이고, 샤일록은 너무 완고한 나머지 상호 이익이 되는 타협안을 상대방이 제안해도 받아들이지 않았던 것이다.

베니스의 상인 1막, 3장

바사니오가 안토니오를 대신해 샤일록을 찾아가는 장면을 실었다.

샤일록: 3천 더커트라. 음.

바사니오: 그렇소. 석 달간요.

샤일록: 석 달간이라. 음.

바사니오: 그 돈에 대해선 아까 말했듯이 안토니오가 보증을 설 거요.

샤일록: 안토니오가 보증을 선다. 음.

바사니오: 날 도와주겠소? 내 부탁 좀 들어주겠소?

대답을 듣고 싶소만?

샤일록: 석 달간 3천 더커트라.

그리고 안토니오 씨가 보증을 선다고.

바사니오: 그럼 당신의 대답은?

샤일록: 안토니오 씨는 훌륭한 분이지요.

바사니오: 그 친구에 대해 무슨 나쁜 얘기라도 들은 겁니까?

샤일록: 아. 아니요, 아니요, 아닙니다. 그럴 리가요. 그가 훌륭한 분이란 내 말은 돈을 빌릴 자격이 충분하다는 뜻이었소. 하지만 그의 재력은 짐작일 뿐이오. 그에겐 트리폴리스로 가는 대상선이 한 척 있고 다른 한 척은 서인도 제도로 가는 중이고. 게다가 리알토(Venice의 2대 섬의 하나로 상업 중심 구역) 시장에서 듣자니 세 번째 배가 멕시코에 있고, 네 번째 배는 영국으로 가고 있고, 해외 곳곳에 다른 투자처들도 있더군요. 하지만 배라는 것은 판자때기이고 선원들은 사람들 아니오. 땅 쥐, 바다 쥐, 바다 도둑, 육지 도둑들이 있으니 바다에는 해적들이 있단 얘기고 파도와 폭풍, 암초의 위협까지 도사리고 있지요. 그렇더라도 그 분은 자격이 충분합니다. 3천 더커트라. 그 분의 보증

을 받아들여도 될 것 같소.

바사니오: 믿어도 될 겁니다.
샤일록: 믿고말고요. 믿어야지요.
그럼 생각 좀 해 봐야겠소.
그 전에 안토니오 씨와 얘기 좀 할 수 있겠소?

무슨 이유에서인지 알 수 없지만 안토니오는 자기 대신에 바사니오가 샤일록을 찾아가도록 내버려둔다. 가까운 곳에서 중요한 업무가 있으면 자신이 직접 참석하던가, 아니면 친구를 보낼 게 아니라 공식적인 대표자를 지명해서 보내야 한다.

이 대화에서 샤일록은 바사니오의 말을 전부 반복해서 말하고 있다. 그는 분명 바사니오의 요청 사항에 대해 생각해 볼 시간을 벌고 있는 것이다. 대화가 진전되면서 샤일록은 자신이 이미 잘 알고 있고 확실히 불신하는 인물인 안토니오에 대해 되새겨보고 있다는 사실이 드러난다. 사업은 사업이므로 일에 사적인 관계를 개입시켜서는 안 되겠지만, 불신하거나 증오하는 자와 사업적인 거래를 하는 것도 어리석은 행동이다. 오래 지속되는 불신감은 가장 수익성이 좋은 사업 기회조차 망쳐 놓을 수 있다.

대화 후에 바로 안토니오가 무대로 등장한다.

바사니오: 이 사람이 안토니오예요.

샤일록: [방백] 어쩜 저리도 알랑거리는 세금징수원같이 생겼을까?

난 이 작자가 기독교인이어서 싫어.

하지만 그 보다 더 큰 이유는 이 세상물정 모르는 무식한 자가

이자도 안 받고 돈을 빌려주니 여기 베니스에서

우리가 받는 고리대금 이자가 깎이지 뭐야.

내 일단 이 자의 급소를 찾기만 하면

그 동안 참고 참았던 원한을 갚아 주렸다.

이 자는 신성한 내 고국을 증오하고,

여러 상인들이 모이는 곳에서조차

나와, 내 장사와, 애써 모은 재산까지 모욕하는 놈이지.

이자를 챙긴다면서. 내 종족에게 저주가 내리리라.

내가 이런 작자를 용서한다면…….

샤일록이 안토니오를 증오하는 이유는 이제 설명되었다. 그럼 문제는 왜 안토니오는 샤일록에게 청탁을 하는 어리석은 행동을 했는가이다. 아직 두 사람이 서로를 싫어한다는 것이 표면화되지는 않았지만, 적과 함께 사업적인 거래를 하다보면 드러내놓고 충돌하는 것은 시간문제다.

안토니오: 샤일록 씨, 난 이자를 받거나 내면서

돈을 빌리거나 빌려주지 않소만,

근데 이 친구가 간절히 원하니

이번에는 어쩔 수 없지 않소. 이 친구가

얼마를 빌릴지 얘기했소?

샤일록: 아, 3천 더커트요.

안토니오: 석 달 간이고요.

샤일록: 잠시 잊고 있었군, 석 달간이요, 말씀하신 대로.
자, 그럼, 보증은 당신이 서고, 근데 말이요, 말씀을 들어보니
당신은 이자를 받고 돈을 빌리지도 않고 빌려 주지도 않는다고
말한 것 같소만.

안토니오는 자신이 공공연하게 모욕하던 사람과 금전 거래를 하는 첫 번째 실수를 저지르면서 상대가 뻔히 아는 분명한 거짓말을 하다가 들키게 된다. 샤일록은 이미 안토니오가 돈을 빌려준다는 것을 알고 있는데 말이다. 지금 안토니오는 대화가 온통 돈 빌리는 얘긴데도 자신은 돈을 빌리지 않는다는 모순된 주장을 하고 있다. 사업상의 거래를 할 때 일부 중요한 정보는 반드시 자신만 알고 있어야 한다. 그러나 현명한 사람은 혹시라도 불리한 상황이 발생하지 않도록 아무리 사소한 사항이라도 양쪽이 뻔히 아는 사실에 대해서는 처음부터 공개한다.

안토니오: 난 절대로 그러지 않소.

샤일록: 3천 더커트라. 거액의 돈이요.
12일부터 석 달간이고. 자, 그럼. 이자는 -

안토니오: 샤일록 씨, 그럼 신세 좀 져도 되겠소?

샤일록: 안토니오 씨, 당신은 리알토 시장에서

여러 차례 나를 심하게 욕하더군.

내 대금과 돈 장사에 대해서 말이요.

난 지금껏 어깨를 으쓱거리며 그런 욕설들을 무시하고 참아왔소.

관용은 우리 민족의 상징이기 때문이요.

당신은 나를 이교도니, 잔인한 개라고 부르고,

우리 유대인의 웃옷에 침을 뱉었소,

내 것을 내가 사용하는 데도 말이지.

자 근데 이제 보니, 당신은 내 도움이 필요한 것 같군.

그래서 내게 와서 말하는구려.

'샤일록, 돈 좀 빌려야겠소.'

그러면 내가 허리를 잔뜩 굽히고 노예 같은 말투로

숨을 죽이면서 황송해하며

이렇게 말하리까

'선생님. 지난 수요일에 제게 침을 뱉으셨지요.

어느 날엔가는 저를 발길로 차버리고 언젠가는

개라고 불러 주셨지요. 그런 친절함에 대한 보답으로

이 큰 돈을 선생님께 빌려 드립니다.'

샤일록은 지금 안토니오와 거래하고 싶지 않다고 분명히 밝혔다. 실제로 이런 상황이 발생하면, 일이란 일은 다 그르치게 될 것이고 둘 중 어느 한 쪽이라도 현실적인 돌파구가 없는 입장에 처하면 그 순간 협상은 단번에 중단될 것이 뻔하다. 확실히 안토니오는 현명한 인물이 아니다. 다음의 대화에서 그가 어떤 식으로 샤일록을 계속 자극하는지를 보라.

안토니오: 난 또 다시 당신을 그렇게 부를 거고,
또 다시 침을 뱉고 또 다시 발길로 차 버리겠소.
이 돈을 빌려줄 거면,
친구에게 빌려주듯 하지 마시오.
차라리 원수한테 빌려주시지.
그 자가 약속을 지키지 못하면 당신은 더 좋은 얼굴로
벌금을 물게 할 수 있지 않소.

샤일록: 내 당신에게 친절을 베풀지요.
나와 같이 증인에게 갑시다. 거기서 차용 증서에 도장을 찍지요.
당신의 단독 보증이요. 그리고 재미 삼아서 말인데,
만약 당신이 정한 날짜에 돈을 갚지 못하면,
정한 장소에서, 정한 금액을
이 증서에 명시된 대로 갚지 못하면 말이요. 당신의 뽀얀 살
1파운드를 베어내 가져가기로 하지요
신체 어떤 부위든 상관없소이다.

안토니오: 참으로 만족스럽군. 그 증서에 도장을 찍겠소,
그리고 유대인들은 대단히 친절하다고 말하리다……

내 살을 빼앗길 리는 없소.

만기일보다 한 달 빠른 두 달 안에

이 계약은 청산될 거요, 내 예상대로라면

이 돈의 세 배나 되는 돈이 들어올 거니까.

샤일록이 안토니오에게 제시한 대출 조건은 기가 막힐 정도로 꺼림칙한 것이어서 제 정신이라면 아무도 응하지 않을 것이다. 그런데 놀랍게도 안토니오는 이 끔찍한 조건을 수락하고야 만다. 거래가 잘못되어 가고 있다는 감을 잡는 능력이 한참 부족한 것이다. 그런 상황으로 자신을 몰아넣는 얼간이는 그에 상응하는 대가가 무엇이든 간에 마땅히 감수할 각오를 해야 할 것이다. 사업적인 결정은 냉철하고 객관적인 상식에 입각해서 내려야지 자만심이나 자신감으로 성급하게 결정할 문제가 아니다. 우리의 통제 능력을 벗어나는 상황들이 발생할 수 있기 때문이다. 그런 경우에 대비해서 당신이 잘 수습해 나갈 수 있는 여지를 미리 확보해두는 지혜가 필요하다.

제4막, 1장

이 부분은 법정에서 오가는 대화이다. 샤일록은 계약 조건의 이행을 강제하기 위해서 안토니오를 판사에게 데려온다. 바사니오는 어디선가 6천 더커트를 구해 와서 안토니오를 계약에서 풀어주면 그 돈을 샤일록에게 주겠다고 제안한다.

샤일록: 그 6천 더커트의 1더커트들이

하나당 여섯 조각으로 나뉘고 조각들

하나하나가 1더커트로 된다 해도

난 받지 않을 것이요 난 피로써 받아야겠소.

공작: 그렇게 매정하면서 어찌 신의 자비를 바라겠는가?

샤일록: 제가 잘못한 게 없는데 무슨 판결이든 두렵겠습니까?

당신들 중에도 노예 여럿을 사서

나귀나 개 또는 노새처럼

막 일을 시키면서 마음껏 부리고 계신 분이 있을 겁니다.

당신이 그 노예들을 샀으니까요. 행여나 제가 이렇게 말하리이까?

노예들을 자유롭게 풀어주고 자제분들과 혼인시키라고?

왜 저들이 당신의 짐을 지고 땀을 흘리지요? 저들의 잠자리를

당신 것처럼 부드러운 걸로 마련해주고 끼니는

진수성찬으로 차려줘야 하지 않습니까?

그럼 당신은 이렇게 말하겠지요.

'저 노예들은 우리 것이다.' 그래서 말씀드리는데

제가 저 자에게 요구하는 저 자의 살은

비싸게 산 것입니다. 그건 제 것이니 가져가야겠습니다.

여기서 샤일록은 철저한 복수의 화신으로 전락한다. 큰 경제적 승리를

얻는 기회와 비열한 정신적인 승리를 얻는 기회를 제안 받았을 때, 현명한 사업가라면 당연히 금전적 이득을 취하고 모호한 정신적 우월감은 뒷전으로 미룰 수 있어야 한다. 사업은 자신의 주장을 펼치는 곳이 아니며, 사사로운 감정싸움을 하는 곳도 아니다. 사업가는 사업이 번창하는데 보탬이 되는 선택을 해야 한다. 샤일록은 이 점을 분명히 알면서도 안토니오에 대한 끓어오르는 증오심 때문에 냉철한 이성을 잃어버린 것이다. 열정이 지나칠 때 쉽게 범하는 실수이다. 이런 유의 파국을 피하는 최선의 방법은 애초에 절대로 이런 상황에 빠지지 않는 것이다. 두 남자 모두 곤경에서 벗어날 기회가 있었다. 샤일록은 돈을 빌려달라는 안토니오의 부탁을 거절할 수 있었다. 어리석게도 안토니오는 자신이 증오하는 사람을 찾아가서 부탁을 하는 실수를 하긴 했지만, 말도 안 되는 채무 조건을 제시 받았을 때 물러날 수 있었다.

  셰익스피어는 과연 셰익스피어여서, 샤일록은 결국 계책에 빠져 대출금과 이자는 물론이고 재산의 절반까지 몰수당한다. 이 같은 결말로 끝을 맺는 부분적인 이유를 살펴보면, 우선 16세기 영국인의 상당수는 반유대주의자들이었다. 그런 시대적 분위기 속에서 셰익스피어도 어쩔 수 없이 그런 풍조에 휩쓸리면서 대중의 편견에 철저히 영합했기 때문이다. 물론 모든 셰익스피어의 애정 소설에는 이 외에도 복잡하게 뒤얽힌 상황들이 있다. 이 경우 샤일록의 몰락으로 썩 똑똑하지는 않은 바사니오와 그의 연인 간의 사랑이 꽃을 피우게 된다. 이 작품이 첫 공연을 했던 건 1605년도였다. 그 당시의 연극 애호가들보다는 눈치 빠른 현대인들이 피해야 하는 사업 방식에 대한 교훈을 이 단순한 줄거리에서 훨씬 더 분명히 얻을 수 있을 것이다.

벤자민 BENJAMIN FRANKLIN
프랭클린

미국의 외교관이자 정치가, 1706 - 1790

: 017

철학자와 현인들로부터 배우는 부의 수업

벤자민 프랭클린은 혁명과는 상당히 거리가 먼 인물이었다. 그는 외교관으로서 가장 잘 알려져 있지만, 한편으로는 미국의 우편 제도를 확립시켰을 뿐만 아니라 과학 및 문학 서적을 우편으로 유통시키면서 세계 최초로 통신 판매업을 시작한 장본인이기도 하다. 절대로 그는 권력이나 사사로운 정치적 이익을 꾀하지 않았으며, 폭력적인 협박보다는 일치점을 찾아 원만하게 타협하는 쪽을 선호했었다. 넓은 동정심을 품은 저술가이자 성실한 퀘이커교도식 교육을 받았다는 점을 감안할 때, 인생에 대한 이성적인 관점만 아니었더라면 그는 정부에 대항하여 무기를 들지 않았을 것이다.

영국의 수상이었던 윌리엄 피트의 의견에 공감했던 프랭클린은 미국 식민지들과 대영 제국과의 무력 충돌을 막을 방법을 찾기 위해 필사적으로 애썼다. 부분적으로는 폭력을 싫어했기 때문이고, 미국이 싸움에서 이길 가능성도 희박하다고 판단했기 때문이었다. 영국이 프랑스와 동시에 전쟁을 하지 않았더라면, 역사는 아마 그의 예상대로 이루어졌을지도 모른다.

프랭클린은 큰 존경을 받는 인물이었기 때문에 노년의 나이에도 불구하고 미국의 독립전쟁 기간에 프랑스 사절로서 활동해 줄 것을 요청받았다. 표면상의 목적은 프랑스로 부터 재정 지원을 확보하는 것이었다. 위대한 사상가로서 그의 명성은 대단했다. 프랑스에 머무는 동안 프랑스 문학계 및 정치계의 유명 인사들이 그를 만나보려고 안달이었다. 세간의 소문에 의하면 볼테르는 이렇게 말했다고 한다. '프랭클린은 내가 이제껏 만나 본 사람 중에 가장 고결한 영혼의 소유자이다.'

프랭클린은 개인적으로 도덕성을 중시했기 때문에 이기적이거나 부정하다고 판단내린 사람과는 일체 교류하지 않았다. 조지 워싱턴에 대한 그의 반감은 비록 역사적으로는 경시되었지만 독립전쟁 시대에 미 대륙에서는 유명했다. '워싱턴은 거대한 적갈색 말을 타면 바닷가재들_{붉은 제복을 입은 영국 병사들을 지칭}을 유인하기 위한 좋은 표적이 되기 때문에' 자신은 그를 미군 지도자로서 찬성표를 던졌을 뿐이라고 주장하면서 근 20년 동안을 워싱턴과 같은 방에 있기 조차 거부했다.

같은 지역 출신의 동료들인 샘 아담스와 토마스 페인이 영국을 비난하는 선동적인 전단지를 대량으로 제작할 때, 여간해선 성급한 행동을 하지 않는 프랭클린은 턱없이 거만하고 비논리적이라고 생각했던 영국의 정책들을 부드럽게 조소하는 식으로 자신의 주장을 펼쳤다. 그러나 그는 대영제국이나 미국 식민지들을 단 한 번도 직접적으로 언급하지 않았다. 프랭클린의 유일한 정치 평론서『대국을 소국으로 축소시키는 원칙들Rules for Reducing a Great Empire to a Small One』은 편집과 축소 작업을 거쳐서 재판되었다. 원전의 순서를 그대로 따르면서 본서에서 현대식 제목을 달아 인용하였다. 엄연히 이 글은 풍자적이며 그의 조언은 오직 당시의 '대 제국Great Empire' 의 확실한 재앙을 보장해주는 방법일 뿐임을 명심하라.

『대국을 소국으로 축소시키는 원칙들』에서

자회사 경영하기

제 1원칙. 대 제국은 커다란 케이크와 같아서 가장자리를 무너뜨리기가 가장 쉽다. 우선 가장 멀리 떨어진 식민지들로 관심을 돌려서 그곳부터 없애버리면, 그 후에는 모든 일이 순조롭게 진행될 것이다.

회사의 일상적인 업무에서 가장 동떨어져 있는 사업 부문들을 무시해서는 안 된다. '눈에서 멀어지면 마음에서도 멀어진다.' 는 사고방식에 젖어들 때 사태는 악화되기 시작한다.

제 2원칙. 식민지의 상인들에게 절대로 본국과 동일한 권리와 특권을 주지 말 것이며, 입법자들을 선출하는 과정에 참여시켜도 안 된

273

다. 그리고 그런 폐쇄적인 과정을 통해서 시행되는 가혹한 법제의 통치를 받도록 각별한 관심을 기울어야 한다.

모든 직원들을 항상 동등하게 대하라. 집단마다 적용되는 일련의 원칙이나 표준들이 각기 다르면 어떤 사업도 성공할 수 없다.

제 3원칙. 본국의 도움을 받지 않고 식민지 정착민이나 그 조상들의 힘을 빌려 획득이나 매수 혹은 정복한 외딴 식민지의 경우, 정착민들의 힘겨웠던 노고는 잊어버리고 그들이 당신에게 무슨 피해라도 준 듯이 대우하거나 공로에 대한 보답으로 처벌을 가할 방법을 모색하라.

새로운 사업체나 부서를 인수할 경우, 당신이 그곳에 도착해서 업무를 시작하기 전에 먼저 거기서 준비 작업을 도맡아서 하던 기존의 직원들이 있을 것이다. 그들이 관리직이든, 회사의 유지 업무를 맡았던 단순한 근로자이든간에 그들에게 영예를 돌려라.

제 4원칙. 당신이 차지한 식민지들이 아무리 평화적으로 당신에게 항복했더라도, 항상 반란을 꿈꾸고 있다는 가정 하에서 그들을 대하라. 그러다보면 조만간 당신이 품었던 의심이 현실화되는 광경을 목격하게 될 것이다.

당신이 관리하고 있는 사람들을 적으로서 대하지 말고 필요한 사람들로서 대하라. 사실 당신은 그들이 필요하다.

제 5원칙. 거리가 먼 식민지에는 총독과 재판관이 있어야 한다. 그리고 그들에 대한 사람들의 평판이 어떤지에 따라 정부의 힘이 크게 강해지기도 하고 약해지기도 한다. 만약 당신이 현명하고 훌륭한 총독들을 파견하면 그 곳 사람들은 왕이 현명하고 훌륭하다고 생각할 것이다. 그러므로 당신은 탐욕스럽고 주민들을 격분시키는 난봉꾼 같은 재판관이나 총독을 물색하도록 노력해야 한다. 이들이 무지하고 오만하기까지 하면 더욱 더 바람직하다.

이 내용은 본서에서 계속 등장하는 주제이다. 항상 사람들은 당신을 대신하는 자들, 즉, 중간 경영진을 보고 당신에 대한 판단을 내릴 것이다. 중간 경영진이 훌륭하고 공정하면 직원들은 당신도 그렇게 평가할 것이다. 반면 중간 경영진이 모질면 사람들은 연상 작용을 통해서 뚜렷한 이유 없이 당신을 증오하게 될 것이다.

제 6원칙. 식민지 거주민들에게 강렬한 인상을 각인시키려면, 피해를 입은 자가 실정이나 압정, 또는 불공정한 일로 주도(州都)에 와서 불만을 호소할 때, 시간을 오래 끌고 막대한 비용을 부가하며 최종적으로는 압제자 편을 드는 판결을 내려서 그들을 벌하라. 그러면 주민들의 불만은 더욱 더 쌓여서 결국 필사적으로 저항할 것이다.

비합리적인 관료 제도를 통해서 해결하려고 하다가 문제를 더욱 더 복잡하게 만들지 말라. 사태는 더욱 악화될 뿐이다.

제 7원칙. 총독들이 자기 잇속 채우는 데만 급급하고 주민들에게 너무도 눈꼴사나운 존재가 되어서 더 이상 식민지에 무사히 머물 수 없는 처지가 되면, 퇴직 연금으로써 보답하라. 그러면 신임 총독들은 신이 나서 똑같이 행동할 것이고 마침내 주민들은 최고 통치권을 증오하게 될 것이다.

무능한 중간 관리자나 직원들을 다른 부서로 보내 버리는 것은 아무런 해결책이 되지 못한다. 그런 방식은 문제를 다른 곳으로 이전시킬 뿐이다. 당신의 골칫거리를 다른 부서로 보내면 그 부서도 똑같이 대응할 것이다. 최선의 조처는 지금 당장! 무능한 직원들을 해고하는 것이다.

제 8원칙. 국민들에게 무력으로 강탈한 1페니가 그들이 자진해서 헌납한 1파운드보다 당신에게 더 명예롭다는 것을 보여주기라도 하는 듯, 자발적인 기부금을 경멸하고 새로운 세금을 부과해서 국민들을 괴롭히겠다고 작정하라. 새로운 세금을 만들어내는 당신의 능력은 무한하다는 것을 대중에게 공포함으로써 더욱 극악무도하게 세금을 거두어라. 이것은 사회의 모든 기반에서 안정감을 약화시킬 것이며 국민들에게 내 것이라 할 만한 게 아무것도 없다는 확신을 갖게 할 것이다.

276

가정이나 직장이 제 기능을 할 수 있는 분위기가 형성되려면 개인의 자존심이나 일신의 안정감이 반드시 보장되어야 한다. 그런 기본적이면서도 감정적인 지원을 받지 못하면 자신의 동료나 상사를 존중할 수 없을 것이고 그러면 회사와는 물론이고 직원들 간의 협력도 불가능해 질 것이다.

제 9원칙. 그 곳 주민들이 이미 무거운 부담을 견뎌내고 있다는 사실을 절대로 안중에 두지 말라. 당신의 이익을 위해서 그들의 교역에 실시한 각종 규제책들과 독점교역권이 본국에서 온 상인들에게 주는 이익 따위는 잊어 버려라. 본국에서 온 상인들과 제조업자들이 식민지의 상업을 통해서 획득하는 부에 대해서는 전혀 개의치 말라.

경영진은 종종 작업인력들이 책임자가 겪는 고초를 이해하지 못한다고 생각한다. 아마 그럴지도 모르나 작업인력들은 자신들 나름의 어려움을 겪고 있기 때문일 것이다. 근로자들에게 어떤 요구를 할 때는 그 점을 고려해주어야 한다. 작업 인력들의 존경과 호의가 없으면 경영진은 관리할 대상이 없다는 사실을 명심해야 한다. 사업의 경제적인 이익을 위해서 서로 합심해서 일하려고 노력하라. 사업이 잘 되면 개인적인 문제들은 상당량 해소된다.

제 10원칙. 너무도 방대해서 기억할 수도 없고 도저히 준수할 수도 없는 끝없는 규제책들을 제정해서 상인들을 난처하게 만들어라. 규정을 위반하면 재산을 몰수하는 법조항도 추가하라. 그리고 당신의 명령에 반발하는 것은 반역행위이며, 반역혐의자들은 체포되어 재판을 받게 될 것이라고 공식 선언을 하라. 이것은 국민들에게 그들의 육체뿐만 아니라 영혼까지도 파멸시킬 수 있는 막강한 권력의 지배를 받고 있다는 확신을 심어 줄 것이다.

위의 6번째 원칙처럼 무분별한 관료제도의 확산은 문제를 해결하는 게 아니라 제도 자체가 문제가 된다.

제 11원칙. 당신이 부과하는 세금이 더 쉽게 불쾌감과 저항을 일으키게 하려면, 가장 무분별하고 교양 없고 오만한 자들을 물색해서 관료진을 구성하고 그들을 파견해서 조세 징수에 대한 관리를 맡겨라. 국민들에게 조금이라도 자비심을 베푸는 것 같은 세납원은 해고하라.

사업 효율화를 목적으로 설치한 검토 위원회나 경영 컨설턴트 및 각종 위원회들은 돌격대원들처럼 강압적으로 행동하는 경우가 많다. 이들의 업무에 기존의 일자리를 축소하거나 폐지하는 내용이 포함되어 있더라도 엄중한 심문을 하듯 절차를 이행할 필요는 없다. 그런 가차 없는 모습은 그들을 끌어들인 책임자들에 대해서도 똑같은 인상을 남기게 될 것이다.

제 12원칙. 부과한 세금이 저항감을 불러일으키게 하는 또 다른 방법은 추징한 세금을 악용하는 것이다. 만약 그 세금을 거둔 고유한 목적이 식민지 방위라면 단 일전도 국토방위에 사용하지 말라. 그렇

278

게 하면 국민들은 더욱 더 억지로 세금을 낼 것이고 세납원들과 더 자주 충돌하게 될 것이다. 이것은 국민들이 당신의 통치에 넌더리가 나게 한다는 당신의 목적에 기여할 것이다.

1970년대와 1980년대 있었던 몇 가지의 연금 계획 추문들과 깊은 관련성이 있는 내용이다. 자기 회사 직원들을 상대로 강도짓을 하는 회사는 결국 스스로에게 도적질을 하는 것과 마찬가지다.

제 13원칙. 식민지 주민들이 그들의 총독이나 재판관들을 지지해 왔다면, 그런 관리자들은 자애로운 통치와 정의의 실현에 일조할 수 있으니 체포해야 한다. 그러면 주민들은 더 이상 총독에게 일말의 자비로움도, 재판관에게 일말의 정의도 기대하지 않을 것이다.

프랭클린은 마키아벨리와 마찬가지로 책임감 있는 중간 경영진의 중요성을 재차 강조하고 있다. 유능하고 사랑받는 중간 경영자를 일단 적소에 배치했으면 다른 곳으로 보내지 말라. 그들은 자신들이 책임지고 있는 사람들을 행복하게 해 줄 것이다. 그들은 부서를 옮기게 되면 새로운 집단과 다시 처음부터 신뢰를 쌓아야 할 것이고, 누가 그들의 후임자로 오든 간에 사람들은 거부감을 보일 가능성이 크다.

제 14원칙. 식민지의 의원들이 감히 권리를 주장하거나 당신의 행정부에 대해 불평을 하면 그런 자들에게 따끔한 맛을 보여 줄 것을 명하고 의회를 해산시켜라. 동일한 인물들이 재선거를 통해서 계속 의회에 복귀하면 개회 일자를 연기하라. 이것은 당신의 특권이자 사람들에게 불만을 증폭시키고 존경심을 잃게 하며 민심의 이반을 꾀하는 훌륭한 방법이다.

근로자 대표자들과 공동 교섭 단체의 권위를 손상시키지 말라. 그러면 당신은 독재자란 오명을 얻게 될 것이다.

제 15원칙. 식민지에서 불만이 터져 나오면 그 내용이 모두가 공감하는 사항이라든가 또는 혹시라도 당신이 그런 불만의 원인이라고 믿어서는 안 된다. 어떤 처방책을 내린다거나 압제적인 조처들을 바꾸려고 해서도 안 될 것이다. 사람들이 다른 불만 사항들에 대한 시정을 요구하지 못하게 하려면 불만 사항들을 그대로 방치하라. 정당하고 합리적인 요구는 절대로 들어주어선 안 된다. 또 다른 요구를 할 수 있으니까 말이다. 몇몇 당파적인 선동자들이 주민들의 불평을 조장하고 선동하는 거라고 생각해야 한다. 그런 주동자들을 잡아서 교수형에 처하면 소동을 잠재울 수 있다.

대체로 첩보 활동은 정당하지는 않지만 경영진에 대한 근로자들의 생각을 알아내려면 반드시 필요하다. 가능하면 셰익스피어의 극작품에 등장하는 헨리 5세처럼 변장하고 근로자들 사이로 침투해서 대화를 나누어 보아라. 힘든 일은 아니겠지만 그렇게 못하겠으면, 다른 방법이라도 찾아

보라. 사실 근로자들은 경영진에게 자신들이 속마음을 제대로 털어놓지 못한다. 그들이 속내를 말할 때는 이미 너무 늦은 것이다.

제 16원칙. 만약 경쟁국이 당신이 식민지들과 불화할 것을 예상하면서 즐거워하고 상황을 그렇게 만들려고 애쓰는 것을 목격하게 되면, 스스로에게 경각심을 불러일으키거나 기분 나빠하지 않도록 하라. 어차피 당신도 그러길 바라는데 흥분할 필요가 있겠는가?

만약 상황이 너무 악화되어 당신네 회사가 노사 문제로 고전하고 있다고 경쟁사들이 수군거리면, 당신에게 재앙이 임박한 것이다.

제 17원칙. 마지막으로 식민지의 군사령관에게 강력하고도 위헌적인 권력을 주어서 본국의 행정 총독조차 통제할 수 없는 자유를 누리게 하라. 그가 자신의 독자적인 정권을 수립하겠다고 결심할 수도 있지만 그 마음을 본인 외에 누가 알겠는가. 만약 그가 그런 결심을 행동에 옮긴다면, 장담하건데 여러 식민지들은 바로 그에게 협조할 것이다. 그리고 당신은 식민지들을 다스리느라 겪는 고충에서 영영 해방될 것이다.

중간 경영진, 또는 당신이 자리에 없을 때 당신을 대행하는 관리자들이 요주의 인물이 되도록 방관하지 말라. 이들은 마음만 먹으면 순식간에 당신에 대한 권위와 근로자들의 존경심을 약화시킬 것이다.

앨버트 허바드 ELBERT HUBBARD ：018

미국의 사업가이자 사회 철학가, 1856 - 1915

앨버트 허바드는 19세기 후반을 대표하는 비범한 인물이었다. 그는 주식을 일부 소유하던 회사를 위해 비누를 판매하여 상당한 부를 거머쥔 후, 현대 광고의 아버지 중 한 명이라는 명성을 얻었다. 40대 초반에 회사 주식을 팔아서 그 자금으로 윌리엄 모리스의 켐스곳 출판사를 본 따 뉴욕 동부의 오로라에 로이크로프트 출판사를 설립했다. 로이크로프트사는 예술가들과 장인들의 사회로 영역을 넓혀서 그들의 작품들을 두 개의 정기 간행물인 『필리스틴The Philistine』과 『프라The Fra』에 상세한 설명과 함께 실었다. 허바드는 두 잡지에 자신의 글과 경구들을 실으면서 당시의 가장 유명한 미국 작가 중 한 명으로 성장했다.

조용한 빅토리아풍 신사들이 주류를 이루던 시대에 허바드는 상당히 독특한 인물이었다. 보편적인 중산모와 연회복을 외면하고 복슬복슬한 직물로 만든 큰 나비넥타이를 매고 장발을 고집하면서 빅토리아풍 히피 같은 분위기를 풍겼다. 정치적으로는 전통적이고 신교도적인 작업 윤리와 진보적인 사회의식이 묘하게 결합된 성향이었다.

1899년 저작인 『가르시아 장군에게 보내는 서신 A message to Garcia』으로 그는 순식간에 세계 유명인사의 반열에 올랐다. 전 세계 공무원들, 6개국의 군인들, 하인즈 기업하인즈에 대한 내용은 본서의 110쪽을 참조하라을 포함해 여러 회사들의 직원들에 이르기까지 수 만부가 세계 각지에서 판매되었다. 1차 세계 대전 초기에 허바드 부부는 유럽에서 민간 평화 사절단으로 활동하는 중이었는데, 1915년 그들이 타고 여행하던 루시타니아호가 독일 잠수함의 공격으로 침몰되면서 생을 마감했다.

아래 실린 부분은 전부 원문을 그대로 인용한 것이다. 앞의 인용문들과 마찬가지로 본서에서 정한 단일한 주제별 제목에 적합하게 분류하였다.

상사 **다루기**

이 짧막한 인용문은 허바드가 자신의 한 정기 간행물에 싣기 위해 썼던 다수의 격언들 중 하나이다.

당신이 누군가를 위해서 일한다면 제발 그 사람을 위해서 일하라. 그에 대해 칭찬을 하고 그가 대표로 있는 조직의 편에 서라. 명심하

라. 1온스의 충직함은 1파운드(16온스)의 재간과 맞먹는 가치가 있다는 것을. 꼭 인상을 찌푸리고 사장을 비난하면서 계속 흠집을 내야겠다면 회사에 사표를 내고 외부인이 된 후에 실컷 욕을 퍼부어라. 그러나 당신이 조직의 일원인 한 회사 욕은 삼가라. 회사에 대해 투덜대다 보면, 어느 순간 당신은 딱히 영문도 모른 채 회사에 불어 닥친 첫 강풍의 직격탄을 맞고 튕겨져 나갈 것이다.

다음에 실린 『가르시아 장군에게 보내는 서신』은 최근까지도 지금까지 발간된 경영 지침서들 중 가장 유명하고도 최다 부수가 발행된 서적으로서의 명성을 지키고 있다.

이 글은 미국과 스페인간의 전쟁1898년 3월 - 12월중에 있었던 일화를 다룬다. 전쟁 종식 몇 달 후 허바드는 아들의 말을 듣고 이 사건에 관심을 갖게 된 것 같다. 그는 이 이야기에 너무도 강렬한 영감을 받아서 조지 워싱턴의 생일인 1899년 2월 22일, 저녁 식사를 마친 후 글을 쓰기 시작해서 단 한 시간 만에 완성했다.

『필리스틴』 3월호에서 처음 소개된 이 글은 폭발적인 관심을 불러일으키면서 전국 주요 신문들과 정기간행물들에 개제되었다. 허바드는 직접 이 글을 총 6쪽 분량의 소책자로 출판했고, 3년 만에 특히 러시아와 일본 군대, 미국 해군과 3개 대륙의 철도 근로자들을 위한 출판물들을 비롯해서 전 세계적으로 배포되는 쾌거를 거두었다.

본문에 인용된 이 글이 그 당시의 엄청났던 인기를 되살리는 데 미약한 도움이라도 되길 바란다. 글이 초지일관 남성적이라고 해서 성차별적이라고 오해하지는 말라. 거의 대부분의 대학과 사업체들이 남성의 영역이었던 1899년에 허바드가 이 글을 썼다는 점을 감안하라.

아래에 본문을 그대로 인용하였다.

『가르시아 장군에게 보내는 서신 A message To Garcia』

쿠바와 관련된 일련의 사건들을 떠올릴 때 화성의 대접근 현상(매 2년 2개월마다 지구와 화성이 접근하지만 그 중에서도 화성이 근일점 부근에 위치하는 때에 일어나는 지구와 화성의 접근은 특히 더 가까워진다. 이러한 접근을 대접근이라 부른다. 13-15년마다 한 번씩 일어난다)처럼 내 기억의 지평에 강렬한 인상을 남긴 인물이 하나 있다. 스페인과 미국 간의 전쟁이 발발했을 때 쿠바의 반군 지도자인 가르시아 장군과 다급하게 의견을 교환해야만 했었다. 장군은 쿠바의 광활한 산악 지대 어딘가에 있는 게 틀림없었지만 정확한 소재지는 아무도 몰랐다. 우편이나 전보를 보내는 것도 불가능했다. 대통령은 반드시, 그것도 속히 장군의 협조를 얻어야 했다.

어찌해야 하나! 그 때 누군가 대통령에게 말했다. '로완이라는 중위가 있는데 그 자가 반드시 가르시아 장군을 찾아낼 겁니다.'

로완 중위는 장군에게 전하는 서신을 들고 그를 찾으러 급파되었다. '로완'이라는 자가 서신을 가져가서 방수포 가방에 넣어 봉한 후 어깨에서 가슴으로 대각선으로 둘러 맸다든지, 갑판도 없는 배를 타고 사흘 만에 야밤에 쿠바 해안에 도착해서 홀연히 밀림으로 사라졌다든지, 그 후 어떻게 적국을 도보로 횡단해서 서신을 장군에게 전하고 3일 후 섬 저편으로 나올 수 있었는지를 지금에 와서 새삼스레 상세히 얘기하고 싶은 마음은 없다.

내가 말하고자 하는 요점은 이렇다. 윌리엄 매킨리 대통령이 로완 중위에게 가르시아 장군에게 전하는 서신을 주었을 때, 중위는 그 서신을 받고 '장군은 어디에 있습니까?'라고 반문하지 않았다. 영원히 기억하여라! 우리가 불멸의 청동상으로 주조해서 이 땅의 모든 대학들에 세워야 하는 인물이 바로 여기에 있다. 젊은이들에게 필요한 것은 학교 교육도 아니고 이런 저런 지시사항도 아니다. 그것은 바로 책임에 충실하고, 신속한 행동을 가능케 하며, 자신의 온 힘을 쏟아부어 '가르시아 장군에게 서신을 전하라'는 임무를 완수하게 하는 바위 같은 굳건함이다.

가르시아 장군은 이제 죽고 없지만 다른 가르시아 장군들, 즉 완수하기 힘든 임무들은 지금도 있다. 여러 사람이 필요한 사업에 종사하는 자는 누구든 어리석고 무능하며 한 가지 일에 집중해서 해내는 자발성이 결여된 평범한 사람들 때문에 경악스러운 상황에 직면했던 적이 종종 있을 것이다. 그러나 그 사업을 성공시키기 위해서 당시의 로완처럼 그토록 고군분투했던 사람은 이제껏 없었다. 될 대로 되라는 식의 무성의한 협조, 바보스런 나태함, 초라한 무관심, 일에 대한 냉담함이 요즘의 관례인 것 같다. 갖가지 수완을 동원하거나, 자신을 밀어달라고 협박하거나, 또는 뇌물이라도 쓰지 않으면 아무도 성공할 수 없다. 아니면 신께서 자비를 베풀어 자신을 도와 줄 빛의 천사라도 보낸다면 가능할 수도 있겠다. 자, 독자들이여, 이 문제를 시험해 보라. 당신은 지금 사무실에 앉아 있고 당장 호출할 수 있는 직원이 6명 있다. 아무나 불러서 이런 요구를 해 보라. '백과사전을 찾아보고 코레조의 생애에 대해 간략하게 적어 주시오.'

그럼 직원은 '네, 알겠습니다.'라고 얌전히 대답한 후 가서 그 일을 하겠는가?

당신이 평생을 살도록 아마 그런 일은 없을 것이다. 그는 의심스러운 눈초리로 당신을 보면서 다음 질문 중 한두 가지를 던질 것이다.

'그 사람이 누구예요?'
'어떤 백과사전이요?'
'백과사전 어디 있어요?'
'제가 해야 하는 일인가요?'
'비스마르크를 찾으시는 거 아닌가요?'
'그런 건 찰리 일인데 그 사람 지금 뭐하고 있는데요?'
'그 사람 죽었나요?'

287

'급한 일인가요?'

'제가 책을 가져다 드릴 테니 직접 찾아보시면 안 될까요?'

'왜 그 사람에 대해서 알고 싶으신 건데요?'

내기를 한다면, 나는 십중팔구 그 직원은 당신이 질문에 답해주고, 자료를 찾는 방법과, 또 당신이 그걸 원하는 이유까지 설명한 후에야 동료와 함께 자료를 찾으러 갈 것이며, 다시 돌아와서는 그런 사람이 없다고 말할 거라는 데에 걸겠다. 물론 이 내기에서 내가 질 수도 있겠지만 평균의 법칙대로라면 내가 이긴다.

현명한 당신이라면 이쯤에서 그 조수에게 코레조는 색인에서 K가 아니라 C에 속해 있다고 구태여 설명하지 않고, 부드러운 미소를 지으며 '가서 자네 일 보게.' 라고 말하곤 직접 찾아 볼 것이다.

독립적인 행동에 대한 이 같은 무력함, 도덕적인 어리석음, 의지박약, 즐겁게 솔선수범해서 뭔가를 해보겠다는 자발성의 부족으로 순수한 사회주의의 정착은 앞으로도 소원할 뿐이다. 사람들이 자신을 위해서도 알아서 행동하지 않는데 하물며 자신의 노력의 결과가 전체를 위한 것일 때는 어떻겠는가? 울퉁불퉁한 몽둥이를 휘두르는 최고 간부가 필요할 것이고, 다수의 노동자들이 토요일 밤까지 일하는 이유는 오로지 해고 당할까봐 두려워서일 것이다.

속기사를 뽑는 광고를 내면 지원자 중 열의 아홉은 철자나 구두점을 제대로 모르기도 하거니와 그런 걸 알 필요가 있다고 생각하지도 않는다. 그런 사람이 가르시아 장군에게 서신을 전할 수 있겠는가?

'저기 저 직원 보이지요?'
어느 큰 공장에서 일하는 직공장이 내게 말을 걸었다.
'네, 저 사람이 어때서요?'
'음, 저 사람은 훌륭한 회계사인 한데 막상 동네에 심부름을 보내면 어떨는지……. 일을 잘해낼 수도 있겠지만 어쩌면 도중에 고급 술집을 서너 군데 들를지도 모르겠고 그러면 정작 목적지에 도착해서는 자기가 왜 거기 간 건지를 까먹겠죠.'
당신이라면 이런 사람을 믿고 가르시아에게 전해줄 서신을 맡기겠는가?

최근 들어 '노동자 착취업소에서 유린당한 주민들'이나 '정당한 일자리를 찾아 헤매는 집 없는 부랑자들'을 향한 동정어린 연민의 말이 많이 들리지만 동시에 힘 있는 자들은 자주 비난의 대상이 되고 있다.

궁색하고 무능력한 사람들에게 고상한 일을 시켜보려고 헛된 노력만 쏟다가 나이에 걸맞지 않게 폭삭 늙어버린 고용주의 고초에 대해서는 아무런 언급이 없다. 또한 등만 돌리면 빈둥대는 직원들을 데리고 몹시도 애썼던 그의 오랜 인내심에 대해서도 한마디 위로가 없다. 모든 상점과 공장 곳곳에선 잡초 같은 자들에 대한 지속적인 제거 과정이 진행 중이다. 고용주는 회사에 도움이 되지 않는 무능력한 직원들을 끊임없이 내보내고 있고 그 자리를 새로운 인력들이 대치하고 있다. 아무리 시절이 좋다고 해도 그런 선별 작업은 계속될 것이고, 경기가 어렵고 일자리가 부족하면 좀 더 가혹해질 뿐이다. 정도의 차이일 뿐 시대를 초월해서 무능력하거나 무가치한 자들은 해고된다. 그것이 바로 적자생존의 원칙이다. 인간은 이기적이기 때문에 고용주라면 누구나 엘리트 직원들, 즉 가르시아 장군에게 서신을 전할 수 있는 자들을 확보하려고 할 것이다.

내가 아는 어떤 사람은 탁월한 실력을 갖고 있지만 사실 아무 짝에도 쓸모가 없다. 자기 사업체를 이끌어갈 능력도 없으면서 막상 취직을 하면 고용주가 폭군 같다든지 자기를 억압하려 한다든지 쉴 새 없이 말도 안 되는 의심을 해대기 때문이다. 그는 지시를 내리지도 못하고 받지도 못한다. 가르시아 장군에게 보내는 서신을 주면 '직접 하시지요.' 라고 맞받아칠 위인이다.

오늘밤 그 자는 낡은 외투 사이로 새어 들어오는 바람을 맞으면서 일자리를 찾아 거리를 쏘다니고 있다. 그를 아는 사람은 감히 아무도 그를 고용하지 못한다. 그는 이미 불만 선동자로 낙인찍힌 자이기 때문이다. 그런 이성적이지 못한 자를 강제할 수 있는 건 오직 앞부리에 철편이 박힌 투박한 군화의 발길질뿐이리라.

물론 중증의 도덕적 불구자들은 신체적 불구자들 못지않게 동정 받아 마땅하다는 건 나도 안다. 그러나 큰 사업을 이끌면서 혼신의 힘을 다하는 사람들을 위해서도 동정의 눈물 한 방울쯤은 흘려주자. 그들은 쉬는 시간을 따로 정해 놓고 일하는 사람들도 아니고, 초라한 무관심, 될 대로 되라는 식의 무력감, 그리고 비정하고 배은망덕한 자들과 싸워가며 포기하지 않으려고 안간힘을 쓰다가 일찍 머리가 하얗게 세어버린 자들이다. 그들의 사업적 열정이 없었더라면 수많은 노동자들은 배고프고 머물 곳 없는 신세일 것이다.

내가 이 문제를 너무 강경조로 논하는 것인가? 아마 그럴지도 모르겠다. 그러나 나는 온 세상이 빈민굴로 변하더라도 성공한 자들에게 동정어린 위로의 말 한마디를 건네고 싶다. 그들은 역경을 무릅쓰고 다른 사람들의 노력을 이끌어내면서 성공을 거두었지만 그 결과로 얻은 건 보잘 것 없는 끼니와 낡은 옷가지 몇 벌일 테니까 말이다.

나는 저녁 도시락 통을 들고 다니는 일용직 노무자였던 적도 있고 직원들을 부리는 고용주였던 경험도 있어서 양쪽이 다 할 말이 있다는 것도 안다. 빈곤 그 자체는 미덕이 아니며, 누더기 옷은 권할 게 못된다. 또한 가난하다고 전부 덕이 있는 것이 아니듯 고용주라고 다 탐욕스럽고 독선적인 것은 아니다.

나는 관리자가 있건 없건 자신의 직분을 다하는 사람들에게 애착이 간다. 가르시아 장군에게 전할 서신을 받았을 때, 어리석은 질문을 하지 않고, 가까운 하수구에 서한을 던져 버리겠다는 등 딴 생각을 품지도 않으며, 그저 조용히 서신을 들고 가서 전달하는 사람은 절대로 해고되지 않는다. 게다가 임금을 더 받으려고 파업을 할 필요도 없다. 문명이란 바로 그런 자들을 찾기 위한 길고도 열정적인 탐색이다. 그의 요구라면 무엇이든 받아들여질 것이다. 그런 유형의 직원은 상당히 귀하기 때문에 어떤 고용주도 그를 놓아주려 하지 않을 것이다. 그는 모든 도시나 마을, 사무실, 가게, 상점이나 공장에서 공통적으로 원하는 사람이다. 온 세상은 그런 사람을 찾으려고 아우성이고 어디서든 그가 절실하게 필요하다. 바로 그는 가르시아 장군에게 보낼 서한을 들고 갈 적임자인 것이다.

빅토리아식 산문이여서 글이 다소 장황하다. 분명 허바드는 개인적으로 이 주제에 너무 깊이 빠져 있지만 여기서 주장하는 논지의 중요성 또한 명백하다. 최근 하이테크 시대를 맞이하면서 또는 적어도 1960년대 이후로 우리는 해이하고 무성의한 근무 태도가 현시대와 어울리는 새로운 풍조라고 생각하기에 이르렀다. 그러나 그건 사실이 아니다. 회사에서는 예나 지금이나 '솔선수범하는 사람'이 절실히 필요하다.

계층 조직에서 차지하는 지위가 아무리 높더라도 우리는 항상 누군가에게 책임을 져야 한다. 그 대상이 상사일 수도 있고, 고객일 수도 있고, 부하 직원일 수도 있다. 관리자가 솔선수범하여 근면하고 부지런한 모습을 보여주지 않으면서 어떻게 아랫사람들이 자신의 기대치대로 직무를 이행할 것을 바라겠는가? 게으른 관리자는 직원들에게 최선의 노력을 다하라고 요구할 수 있는 도덕적 기반을 스스로 무너뜨리는 것이다. 당신의 근면함을 알아주는 사람은 별로 없어도 당신의 나태함은 누구나 안다.

격언과 재치 있는 **속담들**

허바드는 자신이 발행하는 잡지 지면에 기발하고 서민적인 경구들을 함께 실었는데, 사실 모두 자신이 직접 만들어낸 표현들이었다. 그 중 일부는 해학적이고 일부는 오늘날의 기준으로는 너무 감상적이긴 하지만 근무 태도에 대한 바람직한 조언을 제시하는 경구가 많다. 그중에서도 주옥같은 것들만 골라 아래에 실었다. 이 경구들이 전달하는 의미는 분명하기 때문에 따로 설명을 달지 않았다.

일이 잘 되기를 바라면 바쁜 사람을 골라라. 한가한 사람은 시간이 없는 법이다.

내일 일을 잘 해내기 위한 최선의 준비는 오늘 최선을 다해 일하는 것이다.

성공하는 사람들의 공통적인 특징은 철두철미함이다. 천재성이란 무한한 노력을 하는 기술이다. 모든 위대한 업적은 가장 세부적인 사항에까지 극도로 신경을 쓰는 무한한 노력에서 이루어진다는 특징이 있다.

감사 받을 것을 기대하지 말아야 하지만, 남이 감사를 표하면 고마워해야 한다.

비난을 피하려면, 아무 것도 하지 않고, 아무 말도 하지 말고, 아무 것도 되지 말라!

능력이 있는 건 좋은 일이지만, 다른 사람의 능력을 알아보는 능력이 진짜 능력이다.

급료 이상의 일을 절대로 하지 않는 사람들은, 일하는 것 이상의 대가도 결코 받지 못한다.

1온스의 충직함이 1파운드의 영리함보다 낫다.

항상 해야 할 일을 얘기하는 대신에 먼저 가서 그 일을 하는 사람을 나에게 보내 달라. 솔선수범이란 지시받기 전에 스스로 알아서 할 일을 하는 것이다.

노력을 멈추지 않는 한 실패는 없다. 정신적으로 좌절하지 않으면 실패는 없다. 천성적으로 나약한 목적의식을 타고난 게 아니라면 넘을 수 없는 장벽은 없다.

큰 즐거움이 예상되면 그만한 문제점도 있을 것임을 명심하라.

당신에게 적이 없다면 친구도 없을지 모른다.

인간이 범하는 가장 큰 실수는 실수하는 것을 두려워하는 것이다.

잘한 일에 대해 신이 우리에게 주는 가장 큰 보상은 앞으로 그 일을 더 잘해낼 수 있는 능력이다.

릴리안 LILLIAN GILBRETH
길브레스

미국의 경영 컨설턴트이자 개혁가, 1878-1972

릴리안과 그녀의 남편 프랭크 길브레스는 미국 자본주의가 근로자들을 대하는 방식을 영원히 바꾸어 놓은 헌신적인 혁명가들이며, 그 과정에서 생산의 필수적인 요소인 시간에 대해 우리가 갖고 있던 기존 개념까지도 바꾸어 놓았다.

여성의 교육에 대한 아버지의 반대를 무릅쓰고 릴리안 몰러는 캘리포니아 버클리 대학에 입학했다. 1900년 문학 학사 학위를 받았고, 2년 후 석사 학위를 받았으며, 1915년 브라운 대학에서 심리학으로 박사 학위를 받았다.

학위를 따는 도중에 전직 벽돌공인 프랭크 길브레스를 만나서 결혼했는데, 그는 근로자들의 작업 능률을 향상시키기 위한 '시간동작연구 Time and Motion Studies'에 큰 관심이 있었다. 길브레스 부부는 반복적인 작업을 행하는데 필요한 동작들을 연구하기 위해서 영화와 스틸 사진을 이용하는 방법을 개발했다.

프랭크가 근로자 효율의 기술적인 측면에 집중한 반면, 릴리안은 작업 균등화의 인간적 측면에 매료되면서 길브레스 부부는 근로자들의 육체적, 정신적 스트레스가 미치는 영향을 최초로 인식한 사람들이 되었다. 부부는 공동으로 12권의 경영 서적을 썼고 자식도 12명을 낳았다.

길브레스 부부는 저서에서 주장하는 효율성을 계속 늘어나는 가사 일에 적용시켰고, 그들의 대중적인 주장은 두 자녀가 쓴 저서『한 다스면 더 싸다 Cheaper by the Dozen』를 통해 유명해졌다. 이 부부와 자녀들의 업적은 1950년에 영화화되었다.

1924년 프랭크가 세상을 떠난 후에도 릴리안은 작업을 계속했다. 프랭크의 별세 후 거의 반세기 동안을 혼자서 인적 자원의 효율적인 사용을 위한 연구와 운동을 이어 나갔다. 끊임없이 순회강연을 했고, 여전히 퍼듀 대학에서 최초의 경영학 여교수로서의 소임을 다하면서 14개 이상의 저서를 냈다. 그녀는 세계 최초의 '슈퍼맘'이라는 평을 받아 마땅하다.

아래의 인용문들은 릴리안 길브레스와 알리스 라이스 쿡이 공동으로 쓴『인력 관리에서의 십장 The Foreman in Manpower Management』에서 발췌한 것이다. 본서는 맥그로우 힐 출판사의 친절한 인가를 받아 재판되었다 1947년에 쓰인 이 책은 2차 세계 대전 후의 산업 생산을 겨냥한 것이기 때문에 '십장' '인 부감독'과 '현장관리자'(십장foreman과 현장관리자supervisor)는 본서에서는 거의 동일한 직책으로 통용된다. 란 용어가 계속 등장한다. 그러나 여기서 전하는 메시지

297

는 50년 전이나 지금이나 실제적인 가치를 담고 있다. 일관성을 위해서 인용문들을 우리가 정한 주제별 제목들로 분류해서 재배열하였다.

상사 **다루기**

최고 경영진은 십장이 근로자들의 사기를 진작시켜주기를 바란다. 사기를 높여주는 가장 큰 요소 중의 하나는 공동 목표를 향한 충성심이다. 근로자들이 상호간에 갖는 관심과 일체감으로 충성심이 형성되고 강화된다. 십장과 근로자 모두가 자기 자신만의 일을 넘어 더 큰 목적을 위해 일하고 있다고 느끼면 쌍방이 느끼는 만족감은 그만큼 커진다. 공동 목표에 대한 충성심은 단순히 한 사람을 향한 충성심과는 결코 비교될 수 없을 만큼 큰 것이다.

경영자가 어떤 문제로 들떠 있다면, 그 문제에 대한 당신의 생각이 어떻든 간에 직원들도 그 문제에 들뜨게 만들어야 한다. 당신이 경영자의 의견에 정말로 동의하지 않는다면, 그 문제에 대해서 직원들과 사적으로 의논을 해 보아라. 그러나 당신이 경영자의 의견을 어리석은 착상이라고 생각한다는 것을 절대로 직원들은 알아서는 안 된다.

당신의 부서를 보다 효율적으로 운영할 수 있는 방법에 대한 고용주의 제안이나 비판에 대해서 당신은 다음과 같은 세 가지 태도를 보여 줄 수 있다. 첫 번째는 반박하거나 변명을 하면서 동료들을 비난하고 화를 내는 것이다. 두 번째는 좌절에 빠지고 수치스러워하면서 이 일로 종말이 시작된 것이라고 생각한다. 셋째는 비판을 객관적으로 받아들이고 상황을 개선할 수 있는 방법을 논의하는 것이다.

부당한 것 같은 꾸지람에도 최소한 일말의 진실이 담겨 있기 마련이다. 상사가 변화를 제안한 건 당신과 당신의 부서에 대한 진정한 관심의 표시일 수도 있다는 것을 깨달아야 한다.

전반적인 정책에 대한 논의를 위해서 호출을 받으면, 십장은 자신의 건설적인 의견을 제시할 좋은 기회를 얻게 된 것이다.

당신이 근로자들의 업무를 바꿀 수 있는 것과 마찬가지로 경영자도 중간 경영진에서 당신이 원치 않는 변화를 일으킬 수 있다. 그런 변화를 사적으로 받아들이지 말아야 하는 동시에, 당신이 생각하기에 근로자들의 효율성을 떨어뜨릴 것 같은 변화를 무작정 받아들여서도 안 된다. 당신 자신과 당신의 근로자들 편에 서라. 다만 최종 결정권은 결국 경영자에게 있다는 것을 명심하라. 당신의 주장이 관철되지 않으면 더 이상 그 문제로 너무 고심하지 말고 잊어버려라.

중간 경영진의 **역할**

십장은 산업 생산에서 가장 중요한 형태의 감독 업무를 위임받는다. 노동자들은 십장에게 명령과, 감독과, 도움을 기대한다. 최고 경영진은 위임의 기술을 발휘하여 인력에 대한 통제권을 비롯해서 십장의 손에 더 많은 힘을 실어준다. 회사 측은 십장이 맡은 바를 이행하도록 돕기 위해서 다양한 서비스를 제공한다. 십장의 직무에는 관리하는 인력을 다루기 위해서 기존의 자원들을 이용하는 것뿐만 아니라 이용 가능한 것을 찾아내고 그 자원을 확보하는 것도 포함된다.

중간 경영진의 책임은 막중하며, 최고 경영진과 직원들을 이어주는 다리 역할을 한다. 가교적인 역할을 효율적으로 이행하기 위해서 자신의 재량하에 있는 모든 자원을 최대한 이용하는 것은 중간 경영진의 직무이다.

십장은 회사 정책을 실행하고 판단해야 하는 자이다. 그런 책임을 이행하려면 분명하고 힘찬 언어, 설득의 기술, 그리고 관련 사실에 대한 지식의 활용이 필요하다. 그는 혼자서 회사의 요구 사항을 노동자들이 알고 있는지를 확인해야 하는 책임을 진다. 오직 최고 경영진과의 아주 긴밀한 협력을 통해서만 십장은 회사 정책과 관련된 모든 사실을 확보할 수 있다. 또한 노동자들과의 아주 긴밀한 협력을 통해서만, 그는 회사 정책들이 제대로 이해되고 만족스럽게 실행되려면 노동자들에게 어떻게 설명해야 하는지를 알 수 있다.

중간 경영진은 반드시 최고 경영진과 직원들 사이에서 양방향 통로로서 기능해야 한다. 중간 경영진은 윗사람들이나 아랫사람들과 원활하게 소통할 수 있어야 한다는 뜻이다.

십장은 자신의 업무의 반 이상이 인간관계와 관련된 일이라는 것을 자각해야 한다. 다시 말해서 십장은 인간관계 속에서 탄생해서 평생을 그 일부로서 살아야 하는 직업이다. 만약 십장이 자신을 잘 다루고 가족들과도 잘 지낸다면, 그는 다른 사람들과의 성공적인 인간관계를 형성할 수 있는 바탕을 갖고 있는 것이다.

회사 밖에서 인간관계가 좋지 않은 사람은 회사 내에서도 동료들과 원만하게 지내지 못할 것이다.

훌륭한 인사 관계를 확립하고 유지하기 위한 십장의 필수 요건은 근로자들이 자기 자신과 회사를 신뢰하도록 고무시키는 능력이다. 이런 목표를 달성하기 위해서 십장은 훌륭한 십장들의 전례를 모방하고 실천해야 한다. 훌륭한 십장은 극도로 힘든 상황 속에서도 항상 자신이 한 약속을 지킨다. 또한 비판을 받는 상황에서도 자신의 직원들을 옹호한다. 그는 결정을 내리기 전에 모든 사실을 면밀히 검토하고, 초과 근무, 규율, 전근, 승진 그리고 일의 배분 등의 업무가 공정하게 행해지도록 보장한다. 그가 하는 모든 행동에는 분명한 이유가 있고, 설명을 들을 권리가 있는 자들에게는 그 이유를 설명할 준비가 되어 있다. 그가 이런 방식으로 관리한 직원들의 충성심과 신뢰감은 회사가 압박과 긴장을 느끼는 시기에 완충장치가 될 뿐만 아니라 원

활하게 운영되던 부서가 위기의 순간에 해체되는 것을 막아주기도
한다.

높은 개인적 기준들과 결단력 그리고 다른 사람들에게 열정을 불어넣
는 능력은 유능한 중간 관리자들이 갖추어야 하는 필수적인 자질들이다.

십장이 담당 부서에서의 자신의 역할 뿐만 아니라 전체 조직체와
의 관계 속에서도 자신을 볼 수 있는 능력이 있을 때, 비로소 그의 계
획들은 전체 조직에 대한 종합적인 가치를 얻는다. 또한 십장은 직원
들의 직무를 계획하고, 그들로 하여금 각자의 일이 공장의 전체적인
생산과 어떻게 어우러져 있는지를 볼 수 있도록 돕는다. 십장과 그의
직원들이 회사 정책과 감독 및 경영 문제들을 인식하게 되면, 직원들
각자는 직무를 넘어 전반적인 생산에 관심을 갖게 될 것이다.

항상 큰 그림을 염두에 두면서 자신이 관리하고 있는 직원들에게도 그
걸 보여주려고 노력해야 한다. 그래야만 전체적인 작업 인력은 자신의 업
무가 회사 전체를 원활하게 운영하기 위해서 필수적이라는 것을 깨닫게
된다.

현장관리자는 반드시 직원들 각자와의 자신의 관계를 인식해야
하고, 각 직원은 다른 직원들에 대한 자신의 책임을 인식해야 한다.
이 점은 산업체에서 형성되는 모든 관계에 적용된다. 현장관리자의

판단은 상사와의 관계와 다른 직원들과의 관계에 의해서 영향을 받기 마련이다. 만약 현장관리자가 자신이 맡고 있는 부서의 모든 부문에서 바람직한 인간관계를 확립해 놓았다면 그는 자유로운 판단 하에 인사와 생산 문제에 효율적으로 대처해 나갈 수 있다.

중간 경영진이 자신이 맡은 업무의 중요성을 전반적인 업무의 큰 틀에서 이해하고 있어야만, 최고 경영진과 직원들 사이에서 정보의 전달을 무리 없이 이행할 수 있다.

십장은 그의 직무의 세 가지 기능, 즉, 인사, 생산, 산업화에 모두 역점을 두면서 리더십을 발휘한다. 문제 직원을 다루던지, 생산 일정의 지연 문제를 다루든지, 변화된 방식을 다루든지 간에, 이와 관련된 모든 사람들에게 협동과 신뢰를 구축하려면 동일한 커뮤니케이션방식을 사용해야 한다. 학습은 논쟁보다는 토론과 동의를 통해서 더 잘 이루어지므로 십장은 반드시 좋은 듣기 습관을 들여야 한다. 그렇다고 자신의 능력을 보여줄 기회를 잃어버리는 것이 아니다. 오히려 자신의 부서와 최고 경영진 사이의 연락책으로서의 그의 기능이 강화되는 것이다.

당신이 맡은 직무의 한 가지 측면에만 갇혀 있지 말라. 당신의 부서가 모든 측면에서 원활하게 운영되도록 이끌고 싶다면, 당신의 주변 사람들에게 발생하는 작은 변화들에도 관심을 가져야 한다.

현명한 십장은 최고 경영진이 생각하는 리더십의 개념을 바꾸어 놓기 위해서 자신이 많은 일을 할 수 있다는 것을 안다. 그는 각종 문제를 처리하면서 현장관리자의 업무가 단순히 지시 사항을 전달하거나 근로자들을 관리하는 것 이상임을 입증할 수 있다.

앞으로 살펴보겠지만 중간 경영진이 최고 경영진들을 위한 전령에 불과한 존재라면 그들은 제 역할을 발휘할 수 없다. 중간경영진은 근로자들에게 반드시 필요한 사안이지만 상사들이 미처 깨닫지 못하고 있는 것들을 그들에게 이해시킬 수 있어야 한다.

십장은 전령 취급을 받으면 사기가 떨어진다. 심부름꾼 대접을 받는 것은 십장 자신에게도 나쁜 영향을 줄 뿐만 아니라, 결과적으로 근로자들과의 관계도 껄끄러워지게 된다. 근로자들은 권위가 없는 십장을 존경심을 갖고 대하지 않는다.

당신이 중간 경영자로서 최고 경영진들에게 존중을 받지 못한다면, 당신이 관리하고 있는 사람들에게도 존경을 기대할 수 없다. 때로는 아래사람들보다 윗사람들에게 당신의 가치를 확신시키기가 더 어렵다. 상사들의 인정을 받는 것을 최우선 사항으로 삼아라.

십장의 업무를 성공적으로 수행하려면, 그는 자신이 하기에 적합한 업무들을 결정하고, 위임할 수 있는 업무들은 만족스럽게 위임할 수 있어야 한다. 자신의 계획에 대하여 융통성이 있는 십장은 계획의 노예가 되어 끌려 다니지 않고 계획의 주인이 되어 이끈다. 그러나 계획에 자체적인 힘이 실려 있을 때는 조심해야 한다. 반드시 필요한 필수적인 계획보다 더 엄한 십장은 있을 수 없기 때문이다.

경직된 사고의 주인이나 계획의 노예가 되지 말라. 항상 유연성을 유지하면서 계획이 실행되기 전까지는 어떤 변화도 가능하다는 여지를 남겨야 한다.

진정으로 훌륭한 기획자는 반전과 성공을 침착함과 유머감각으로 대하는 유연성을 갖고 있다. 그는 계획은 단지 첫 단계가 될 수 있을 뿐이지 결코 인적 가치들보다 우선시 될 수 없다는 것을 안다. 계획에 가해지는 순간적인 변화보다 인적 가치들이 훨씬 더 생산 속도를 늦출 수 있다.

해보기 전까지는 계획의 성공 여부를 장담할 수 없다. 계획이 실패로 끝났다고 해서 낙담하지 말라. 그리고 어떤 계획이든 최고 경영진에서부터 평사원들에 이르기까지 모든 단계에서 제대로 실행될 때 성공한다는 사실을 명심하라.

십장이 자신의 직무 중 하나를 위임해야 한다면 그것은 작업과 관련된 일이여야 한다. 인간관계를 다루는 업무는 십장의 첫 번째 직무로서 계속 유지해야 한다.

인사 조정자로서의 역할을 당신의 손에서 놓은 것 보다는 완전히 기계적인 업무들을 위임시키는 것이 더 쉽고 효율적이다.

다른 사람들처럼 십장도 조만간 자신의 직무 능력을 평가해야 할 필요성에 직면하게 된다. 인생을 살다가 때가 되어 강제로 자신에 대한 평가를 받게 될 때까지 기다리거나, 아니면 그 전에 스스로를 평가해 보는 방법이 있을 것이다. 최고 경영진과 동료들, 그리고 부하 직원들이 자신을 지속적으로 평가하고 있다는 것을 깨닫는 게 스스로 자기 평가를 하는 원동력이 될 것이다.

당신의 주변에서 발생하는 문제들을 미리 예측하고 대응해야 하는 것과 마찬가지로, 당신 자신의 문제들에 대해서도 한 발 앞서서 대처해 나갈 수 있어야 한다. 항상 자신의 문제보다 남의 문제를 해결하기가 더 쉽지만, 당신이 제대로 기능하고 있지 않다면 다른 사람들도 효율적으로 다룰 수 없을 것이다.

십장은 스스로에게 이런 질문을 해봐야 한다. '나의 리더십은 성장하고 있는가?' 리더십은 고정되어 있지 않다. 지도자는 항상 관계와 상황을 더 효율적으로 다루거나 덜 효율적으로 다루는 과정을 겪고 있다.

침체된 작업장 분위기는 완전히 치명적이다. 특히 당신이 발전을 기대하는 경우는 더 더욱 그렇다.

직원들 **다루기**

십장은 만족스런 인간관계를 확립하는 것이 자신의 가장 중요한 직무임을 깨달아야 한다. 그는 사람들과 관련된 문제의 초기 신호라면 무엇이든지 감지하고, 담당 부서 내에서건 외에서건 문제의 발생을 막기 위한 모든 방법을 총동원해야 한다. 회사 내의 조직 어디에서든지 잘못된 인간관계가 형성되고 있다는 것을 발견하게 되면, 그 문제를 해결할 수 있는 적임자에게 얘기를 해 주어야 한다.

이 내용 역시 큰 그림을 볼 수 있는가에 대한 문제이다. 자신의 영역 밖에서 발생하는 잠재적인 문제점들까지 찾아내는 안목이 있는 사람들은 빠른 시간 내에 최고 경영진에게 자신을 아주 소중한 존재로 부각시킬 수 있을 것이다.

경제적인 안정감과 직업적인 안정감에 대한 욕구 외에 모든 직원들은 첫째, 자신이 집단에 받아들여지길 바라고 둘째, 친구가 생기기를 바라며 셋째, 인정받고 감사받기를 바라고 넷째, 조직에서 필요한 존재로서 자신의 위치를 확보하기를 바라며 다섯 번째, 업무에 대해 얘기할 기회를 갖길 바라고 여섯 번째, 스스로의 역량을 최대한 발휘하길 바란다.

지위의 고하를 막론하고 누구나 위의 여섯 가지 욕구를 갖고 있다. 중간 관리자로서 당신이 할 일은 이상의 욕구를 전부 충족시켜 줄 수는 없더라도 직원들이 올바른 방향으로 계속해서 나아갈 수 있게 최선을 다하는 것이다.

사람은 다른 사람에게 감사를 받을 때 자신이 필요한 존재임을 느낀다. 또한 자신이 필요한 사람이라고 느낄 때 전체 조직에서 차지하는 자신의 위치를 알게 된다. 부서에서 근무하는 첫 날부터 근로자는 부서와의 관계와 전체 조직과의 관계 속에서 스스로를 직원으로서 그리고 개인으로서 볼 수 있어야 한다.

근로자들을 회사에서 발생하는 문제들에서 소외시키지 말라. 그들에게 다른 부서에서 일어나고 있는 일들에 대해서 말해 주고, 각자가 맡고 있는 일이 다른 어느 누구의 일만큼이나 중요하는 것을 깨닫게 해 주어라.

근로자들이 자신에게 적합한 업무를 맡아서 잘 적응해야만, 그들을 채용하고, 훈련시키고, 고용을 유지하기 위해 회사가 투자한 많은 시간과 돈의 투자가 정당화된다.

직원들이 각자의 능력을 최대한 발휘하도록 이끌어 주는 것이 중간 관리자인 당신의 직무이다. 능력이 뛰어난 자가 손쉬운 일을 하고 있는 것을 발견하면, 그의 재능을 더 잘 이용할 수 있는 방법을 찾기 위해서 노력해야 한다. 그러면 당사자뿐만 아니라 최고 경영진도 당신에게 감사할 것이다.

현명한 십장은 승진할 만한 자격과 능력이 있는 직원들을 지속적으로 발굴해 내면서 그들의 작업 운영 능력과 인사 기술을 모두 관찰한다. 그러면 직원들은 십장이 자신들의 승진에 신경을 쓰고 있다는 점에 감사할 것이다.

사람은 누구나 인정받고 싶어한다. 부하직원들은 당신이 자신들에게 긍정적인 관심을 갖고 있다는 것을 알게 되면, 최선을 다해서 일할 것이다.

직원에 대한 승진 결정이 내려지면 바로 실행에 옮겨라. 그래야만 그의 뜨거운 야망을 제대로 이용할 수 있고, 승진 과정을 통해서 그가 느끼는 즐거움도 커진다.

승진을 보장 받은 후에 승진되기까지 여러 달을 기다려야 하는 것보다 더 사기를 떨어뜨리는 일은 없을 것이다. 기다리는 도중에 그를 성장시켰던 열정은 시들거나 혹은 영원히 사라질 수도 있다.

만약 승진한 직원이 다른 후보자들과 경합을 벌인 경우라면, 타당한 이유를 탈락자들에게 자세히 설명해 주어야 한다. 그렇지 않으면 승진한 직원은 다른 동료들과의 관계를 원만하게 유지해 나갈 수 없는 상황에 처하게 될 것이다.

편애를 한다는 비난이나 십장에 대한 적개심은 그에게 가장 골치 아픈 문제 중에 하나이다. 십장은 자신이 행동하고, 말하고, 느끼는 모든 것들이 부서에서 뿐만 아니라 조직 전체에도 퍼진다는 사실을 반드시 기억해야 한다.

이런 문제 때문에 당신은 당신의 근로자들 중 어느 한 명과 진실한 우정을 쌓기가 거의 불가능할 것이다. 애석하지만 사실이 그렇다.

십장은 근로자들 사이에서 발생하는 불화의 원인을 제거해야 하는 전략적인 위치에 있다. 그는 어떤 상황에서도 직원들이 앙심이나 불만을 품게 된 원인이 자신이 되지 않도록 해야 하고, 부서 내에서 그런 부정적인 감정들을 원만히 해결하기 위해서 가능한 방법을 전부 동원해야 할 것이다.

쉽지 않겠지만, 모든 직원들에게 공정해야 한다. 관리자란 지위가 이미 당신을 직원들로부터 고립시켰다는 것을 기억하라. 이미 형성되어 있는 거리감을 더 크게 벌리는 일은 아무 것도 하지 말라.

직원들이 전체 조직에 대한 십장의 관계를 이해하면, 십장은 그의 직분뿐만 아니라 자본과 경영, 기획의 기능을 파악하는 첫 걸음을 디딘 것이다. 즉, 십장이 필요한 도움을 전문가에게 요청한다는 것을 근로자들이 안다면, 그들도 도움이 필요할 때 십장에게 부탁할 것이다.

관리자도 긴 사슬을 이루는 하나의 고리라는 것을 직원들에게 알려야 한다. 도움이 필요할 때 당신도 도움을 요청하는 것처럼, 직원들도 필요한 도움을 자유롭게 요청할 수 있어야 한다. 특히 여기선 그들이 다른 사람이 아닌, 바로 당신에게 도움을 청한다는 의미이다. 직원들이 당신에게 다가오는 것을 두려워하면, 그들이 부탁하는 일은 없을 것이고 그러면 업무의 효율성도 떨어지게 될 것이다.

직원이 제안한 아이디어가 평균 정도만 되면 칭찬을 해 주는 십장은, 그들로부터 유용한 제안들을 놀라울 정도로 많이 얻을 수 있다는 사실을 발견하게 될 것이다. 좋은 제안들을 받아들이기를 두려워하는 십장은 자신의 근로자들 사이에서 지도자를 키워내고 있지 않은 것이다. 부서의 분위기가 비판적으로 형성되는 순간, 직원들은 비판을 받지 않으려고 서로의 진의를 의심하면서 벽을 쌓게 된다.

직원들에게 일방적으로 말하지 말고 그들과 대화하라. 당신이 그들의 생각에 관심이 있다는 것을 직원들에게 알려라. 직원들의 말을 경청하고 그들이 제안한 아이디어들을 진지하게 고려하고, 선별하고, 수용하라.

명령이 전달되는 방식이 명령 그 자체보다 훨씬 더 중요할 수도 있다. '이봐, 그렇게 말할 때는 웃으라고.'라는 어느 광고 문구는 절차의 중요성을 잘 말해준다.

당신이 큰 좌절감을 느끼고 있다하더라도, 부하 직원들과의 친근한 관계를 유지하는 방식에까지 감정적인 문제가 개입되어서는안 된다.

인력의 **효율적 활용**

진보적인 경영진은 인력 통제가 다른 여타의 비용을 통제하는 기초가 되고 이를 결정한다는 것을 안다. 고용된 각 직원의 위치를 정당화하는 것이 인력 통제를 확립하는 데 있어서 주요한 책무이다.

그러면 인력 통제란 무엇인가? 간단히 말해서 그것은 피고용인이 가장 효율적으로 기능할 수 있는 조건들을 기획하고, 수립하고, 이를 유지하는 것이다. 여기에는 경제적이고 물리적인 조건들뿐만 아니라 심리적인 조건들도 포함한다. 각 직원이 갖고 있는 능력에서 최고 수준의 잠재력을 끌어내면서 최대한 이용하는 것이 필요하다. 이를 위해선 적합한 업무에 적합한 사람을 배치하고, 적합한 사람에게 적합한 업무를 맡겨야 한다.

위의 두 단락은 모두 당신의 직원들을 최대한 활용하라는 조언이다. 꼭 필요한 만큼의 인력만 고용하고, 지금 확보하고 있는 인력을 가장 효과적으로 활용하도록 노력하라. 실현되기 힘든 엄청난 주문이지만 낭비를 막기 위한 필수 요건이다.

십장은 부서에서의 모든 직무를 이행하기 위해서 필요한 기술의 종류와 정도 그리고 그 기술을 생산하는 데 필요한 훈련의 종류와 정도를 알아야 한다.

중간 관리자는 특정 직무를 행하는 당사자들만큼이나 자신의 관리 하에 있는 모든 업무에 대해 잘 알고 있어야 한다.

십장은 스스로에게 다음과 같은 질문을 해야 한다.
1. 이 직원은 이 일보다 다른 일에서 생산에 더 크게 공헌할 수 있을까?
2. 그는 성품이나 감정적인 면에서도 승진할 준비가 되었는가?

직원의 능력 이상을 요구하는 것은 그의 능력 이하의 요구를 하는 것만큼이나 부당한 일이다.

인력 통제가 효율적으로 이루어지려면, 기능과 관계에 융통성이 있어야 한다. 인간이 스스로를 완벽하게 통제할 수 있을 때 자유로운 지성적인 활동을 할 수 있듯이, 집단도 소속된 자들을 제대로 통제할 때 최고의 결과를 얻을 가능성이 커진다.

당신의 인력이 반쪽짜리 일 밖에 못 해내고 있다면, 그 부서가 제대로 통제되고 있지 않은 것이다. 부서가 제대로 기능할 때까지 계속 재조정 하라.

옮긴이의 글

'경제를 살리자.' 신정권이 들어서면서 유행어처럼 번진 문구다. 난세에 영웅 난다고 실의에 빠진 우리를 회사에서, 조직에서, 가정에서 일으켜 줄 수 있는 뛰어난 지도자가 그 어느 때보다도 절실하다.

『부의 수업』은 분명 기업인을 위한 저서로서 회사의 최고 경영자나 사장, 부서장, 팀장 또는 일인 사업자를 겨냥하고 있다. 그러나 광범위하게 볼 때, 조직을 이끌거나 지도자를 꿈꾸는 자라면 누구든 이 책에서 유용한 정보를 얻을 수 있을 것이다. 따라서 대학의 간부들과 한 가정의 가장 또는 주부로까지 독자의 범위는 확대된다. 아울러 자신은 과연 지도자감인가, 아니면 훌륭한 지도자를 만나야 하는 이끌림의 대상인가에 대한 해답도 얻을 수 있을 것이다. 이 책은 자신의 그릇이 크든 작든 훌륭한 상사를 알아보는 현명한 눈을 키워 줄 것이다. 그 외에도 사업상 동료나 경쟁자 다루기, 기업 절도, 홍보의 중요성 등 조직을 관리하면서 필요한 핵심 정보들이 가득하다.

이 책은 '열정과 이성'을 아우른다. 살면서 마주치는 매 순간은 열정이 필요한 시점과 이성이 필요한 시점, 그리고 둘의 적절한 조화가 필요한 시점의 연속이다. 그것을 아는 자는 보이지 않는 힘으로 상대를 고무시키고 자신의 편으로 끌어들이는 것은 물론, 삶의 진정한 주인이자 승자가 될 것이다. 바쁜 일상에 쫓기는 요즘, 난무하는 경제 경영서 속에서 옥석을 가려내는 혜안이 필요하다. 개별적인 인물을 조명하는 천편일률적인 경영서는 많다. 그러나 대표적인 사상가와 성인들, 경영자들, 왕과 여왕, 현인에 이르는 다양한 인물들의 생애와 업적을 망라하면서 보석 같은 지혜를 제공하는 저서는 흔치 않다. 저자의 박식한 지식과 통찰력에 감탄을 금할 수 없다.

역자인 나 자신은 경영이나 관리와는 동떨어져 있다고 늘 생각해 왔다. 그러나 이 책을 번역하면서 명사들의 심오한 통찰력과 열정에 큰 감화를 받았다. 사실 인간은 혼자 살 수 없는 이상 은연중에 다른 사람을 관리하거나 관리 받는 대상일 수밖에 없지 않겠는가? 그 점을 빨리 자각하고 인간을 다루는 비결을 터득한다면 누구든 더욱 발전적인 미래를 보장받으리라고 확신한다.

익숙지 않은 고어 투의 문체와 법적 용어들로 자주 한계에 직면했지만 힘든 순간을 이겨내면서 다시 자판을 두드리게 했던 힘은 무엇이었을까. 책장을 넘기면서 만나게 되는 선인들의 진지하고도 치열했던, 그 생생한 삶이 다시금 나를 일으켜 주었던 게 아닐까 싶다.

본서에 담긴 선인들의 지혜가 독자들의 폐부에 깊숙이 스며들어 앞으로의 삶의 방향을 제시하는 안내자로서 역할을 하길 진심으로 바란다. 참고로 이 책에 등장하는 성경 구절들은 역자가 번역하지 않고 『NIV 한영해설성경』(2002년도판)에서 그대로 인용하였음을 밝힌다.

역자 김수영